弘智好会计

V9.0

全国会计做账实操 领先一步 系列规划教材

会计真账实操

 **商　业**

主　审　吴智华

主　编　胡　枫

参　编　（排名不分先后）

贺宗剑	吴　江	李　东	王建起
王丽华	李　涛	万　洁	张陈龙
何奇林	沈　超	张安武	杨　荣
张　鑫	郭汉明	季春丹	王　健
杨　飞	谢晓英	卞徐奔	李萍萍
喻　梅	肖佳庆	肖莉梅	魏海花
洪丽娟	汤凤兰	高　奎	王　欢
甘晓璐	严　格	吉忙忙	窦文君
陈　勇	顾炎炜	刘慧华	

江苏大学出版社
JIANGSU UNIVERSITY PRESS

镇　江

图书在版编目（CIP）数据

会计真账实操. 商业 / 胡枫主编. -- 镇江 ：江苏
大学出版社，2016.3
ISBN 978-7-5684-0178-4

Ⅰ. ①会… Ⅱ. ①胡… Ⅲ. ①商业会计－会计方法
Ⅳ. ①F231

中国版本图书馆CIP数据核字(2016)第065190号

会计真账实操（商业）

Kuaiji Zhenzhang Shicao（Shangye）

主　编/ 胡 枫
责任编辑/ 李菊萍
出版发行/江苏大学出版社
地　　址/江苏省镇江市梦溪园巷30号（邮编：212003）
电　话/0511-84446464（传真）
网　　址/http://press.ujs.edu.cn
印　刷/淮安精彩飞扬广告印务有限公司
经　销/江苏省新华书店
开　本/889mm×1194 mm　1/ 16
印　张/9.75
字　数/270千字
版　次/2016年3月第1版　2016年3月第1次印刷
书　号/ISBN 978-7-5684-0178-4
定　价/52.80元

如有印装质量问题请与本社营销部联系（电话：0511-84440882）

前　言

随着经济的发展，会计在企业中的地位越来越重要。任何一家企业都离不开会计，都需要会计人员管理和规范企业的每一项经济活动，使得一切经济活动高效而有序地进行。作为一名职场好会计，不仅需要有扎实的理论功底和丰富的工作经验，更需要有足够的耐心和对会计工作的热情。

《弘智好会计系列》凝聚了中智会计教研中心近 10 年的研究成果，通过不断地完善修订，逐步总结并研发出来一整套会计真账实操解决方案，其越来越准确地把握真账实操教学的实战精髓，已成为学员逆袭职场的必备宝典，深受广大学员的好评。该系列目前分为商业、工业和服务业三类，侧重于会计实战，定位于指导会计新手快速学会做账编表，缩短会计理论与实际操作的距离，使其在工作中迅速达到应对自如、得心应手的境界。

为了使书中内容切合现实工作，编者多次深入企业进行实地调研，精心设计，以模拟真实企业的方式，把会计工作中的整个账务处理过程清晰地展现给读者。具体来说，《弘智好会计系列》以一家公司的筹建期、经营期的会计账务处理为例，详细图示讲解了日常的货币资金业务、往来业务、资产业务、日常收入费用等各种业务的账务处理方法，每月月末财务成果核算的账务处理、各税种款的核算和税表填制、"T"字账和记账凭证汇总表的编制、月份财务报表及季末财务报表的编制。

在账务处理过程中，编者穿插设计了报税和纳税等各种可能遇到的特殊情况并详细讲解处理方法，《弘智好会计系列》《实操工具包》《弘智好会计真账实操在线做账版》《弘智好会计真账实操——网校版》构成一整套针对会计真账实操的系统解决方案：

1. 课堂学教材：《弘智好会计系列》是学好做账的基础，一定先要听老师讲解，理解教材的基本知识点并按照老师的要求进行真账演练。

2. 课后练习巩固：最新版的《弘智好会计真账实操在线做账版》根据教材的学习进度设置内容，在课堂上或课后认真配合做好《弘智好会计真账实操在线做账版》的真账练习，掌握各个知识点，夯实基础，巩固学习效果。

3. 网络学习提升：《弘智好会计真账实操——网校版》将最实战的真账案例通过网络教学，全面直观地展现在各位学员面前，为学员的持续学习和提升提供了有力的保障。

本书是全体编委从教 10 年的实践经验总结，虽然力求完美，但由于时间有限，书中难免存在疏漏与不足之处，希望广大读者多提宝贵意见。

弘智教育集团
中智培训学校　**编著**

目　录

第一章　商业企业的特点及流程

第一节　商业企业的特点

商业企业的最大特点是买进货物，然后转手卖给别人，从中获取利润。商业企业不对进来的货物进行加工、再生产以得到更大的利润。

一般来讲，通过企业法人营业执照（见图1-1）就可以判断一个企业是不是商业企业。商业企业的名称中一般都带有"商贸""贸易"等字；企业的经营范围中通常有"批发""零售"等字。

图 1-1　营业执照

第二节　商业企业的流程

一、以商品的购、销、运、存为基本业务

商业企业的这一基本业务流程是与生产企业比较而言的。生产企业主要是借助机器对原材料进行加工，生产出产品再对外销售。而商业企业只有购进、运输、储存、销售四个基本环节。

（一）商业企业进货的一般业务流程

商品进货是商业活动中最基本的环节，一般包括五个步骤：申请采购、供应商报价、签订合同、商品入库、付款（见图1-2）。

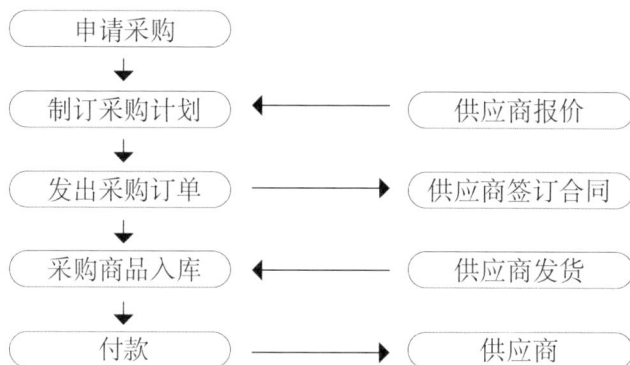

图 1-2　商业企业进货一般流程

1. 申请采购

企业一般由需求部门填制采购申请单，向采购部门提出需要采购商品的种类、规格、数量、到货时间等信息。

采购申请单通常一式三联，由申请部门、采购部、财务部各持一联，财务部所持有的采购申请单，主要在后期审核采购合同时使用。

2. 供应商报价，制订采购计划

采购部门接到采购申请后，开始向所有供应商发出询价，各家供应商进行报价，最终确定采购供应商。采购部门结合供应商的报价，开始制订采购计划，提交总经理审批。

3. 发出采购订单，签订采购合同

采购计划由总经理签字确认后，采购部门直接向供应商发出采购订单,确认后并与供应商签订采购合同，合同由会计人员进行审核，仓库、财务各持一份复印件。

4. 采购商品入库

采购商品到货后，由仓库进行验收，根据"送货单"和"采购订单"核对名称、规格、数量、对应的采购单号、商品质量，发现问题及时反馈给采购部门，由采购部门决定是否收货。

如需退货，采购部门通知仓库和财务相关的退货信息，仓库开具"商品退货单"，根据退货单向供应商退货，同时将供应商确认后的退货单交给财务。

经仓库验收合格的商品，仓管人员应开具"入库单"，并与供应商的"送货单"一起交给财务，便于财务对账。

5. 付款

企业购进商品，商品交接一般采用送货制或提货制，货款以支票、汇兑、银行本票、银行汇票、商业汇票等方式结算（见图1-3）。

购 销 合 同

供方：迪思尼皮具有限公司　　　　　合同编号：　HZ201573221

需方：无锡弘智商贸有限公司　　　　签订日期：　2015.12.2

一、产品名称、规格、数量、金额：

品 名	规 格	计量单位	数 量	单价（不含税）	金额（不含税）	金额（含税）
男士商务公文包		件	200	298	59600	69732
男士真皮商务公文包		件	200	498	99600	116532
女士斜挎包		件	500	78	39000	45630
女士单肩包		件	500	168	84000	98280
男士皮带		件	500	78	39000	45630
女士皮带		件	600	58	34800	40716
合计金额	⊗ 佰 肆 拾 壹 万 陆 仟 伍 佰 贰 拾 零 元整					

二、质量要求、技术标准、供方对质量负责的条件和期限：须符合国家贵的的技术、质量标准，以及该产品在市场上流通的相关手续，并承担由此产生的一切法律责任。

三、交（提）货地点方式：******。

四、运输办法及运费承担：供方免费送货至需方。

五、验收办法：按第二条质量要求验收。收货后5天内出现质量问题，可退回供方。

六、付款方式：按需方可以现金、支票、银行汇票、银行承兑汇票或其他方式支付。收货物后付款。

七、违约责任：按《合同法》有关条款执行。

八、本合同壹式肆份，甲、乙双方各执两份，自签字之日起生效。

单位名称（章）：迪思尼皮具有限公司	单位名称（章）：无锡弘智商贸有限公司
单位地址：深圳市永安区科技路88号	单位地址：无锡市中山路18号
法定代理人：马佳富	法定代理人：王楠生
电话：0755-72203869	电话：0510-82737610
传真：0755-72203869	传真：0510-82737610
开户银行：建设银行深圳新城支行	开户银行：交通银行东门支行
账号：1200648516486	账号：32200062210810788

图 1-3　购销合同

企业采购部门与供应商签订好合同后，采购部门会收到供货单位开具的专业发票的发票联和抵扣联，采购部应核对发票所列商品的品名、规格、数量、单价、金额与合同订单是否相符，并将发票联和抵扣联交于财务部。仓库保管员收到供应商货物时，应核对无误后，填制收货单或入库单，一式三联，一联给仓库记账，一联留采购部门，一联交财务部门，财务部门根据结算合同约定付款的期限办理货款结算。

温馨提示：

"送货单"应标明送货日期、送货单位名称、送货单位印章或经手人签名、货品名称、规格、数量，送货单应留仓库一联，另一联交财务部门。

"入库单"一式三联，经仓库主管签字后，第一联留仓库，第二联同送货单一起交财务部门，第三联交采购部门。

"出库单"一式三联，经仓库主管签字后，第一联留仓库，第二联交财务部门，第三联交采购部门。

"商品退货单"应显示退货日期，供应商单位名称，商品名称、规格、数量、对应的订单编号、退货原因等，退货单一式四联，第一联留仓库，第二联交供应商，第三联交财务部门，第四联交采购部门。

增值税专用发票的基本联次统一规定为三联，各联次必须按以下规定使用：第一联为发票联，由购货方作付款的记账凭证；第二联为抵扣联，由购货方作扣税凭证；第三联为记账联，由销货方作销售的记账凭证。

企业在进货环节中，根据供应商是否及时开发票，通常有三种情况：货票一起到；票到货未到；货到票未到。会计人员应根据不同情况，进行相应的账务处理。

1. 货票一起到

企业收到一般纳税人开具的增值税专用发票，以不含税金额作为商品买价，税额部分可以作进项抵扣，借记"库存商品"等科目和"应交税费——应交增值税——进项税额"科目，贷记"银行存款""库存现金""应付账款"等科目。

2. 票到货未到

企业采购商品，先收到发票和相关单据，但商品未到，会计人员应将未到的商品作为"在途物资"科目核算。

会计人员根据增值税专用发票上的金额记入"在途物资"科目；根据发票上税额记入"应交税费——应交增值税——进项税额"科目；根据发票上价税合计数记入"应付账款"等科目。

3. 货到票未到

企业采购商品，货已经到达，但发票和相关单据都未到达，到月末，会计人员应以合同价（不含税）或者市场价作为暂估价，将该批商品暂估入库。到月末，会计人员应根据签订的合同价（不含税）金额借记"库存商品"等科目；贷记"应付账款——暂估应付款"等科目。

温馨提示：

次月，等发票单据到达时，会计人员应先红字冲销暂估的金额，再按发票记相关单据进行正常的账务处理。

（二）商业企业销货的一般业务流程

商品销售是商业活动中最重要的环节，销售活动一般包括五个步骤：销售报价、评审客户、接受订单、商品出库、资金结算（见图1-4）。

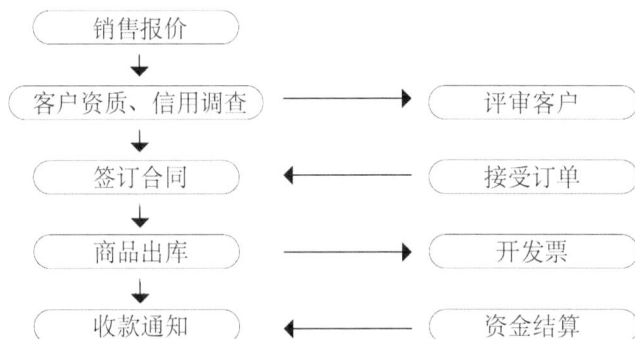

图1-4 商业企业销货一般流程

1. 销售报价

销售报价是由销售部比照商品市场价格等多方面因素确定产品售价后，向客户报价。本环节中，会计人员通常不参与。

2. 评审客户

企业销售业务发生前，应对潜在客户的信用、偿债能力等进行多方面调查分析，以确保企业销售后，货款可以安全收回，尽可能避免坏账、死账。本环节由销售部门进行，会计人员不参与。

3. 接受订单

企业收到客户订单后，卖卖双方商定价格，然后签订购销合同。在签订合同时，会计人员应对合同内容进行审核，重点审核合同内容是否和订单内容一致，以及收款方式等。

4. 商品出库，开发票

企业销售商品时，仓库应根据合同上注明的名称、规格型号、数量发货，并开发货单，做好出库登记，并向财务部送存一联。

5. 资金结算

会计人员根据仓库送来的发货单开具销售发票，确认销售收入。客户验收货物后，应按合同约定办理货款结算工作。

企业在销货的环节中，根据客户是否付货款，通常有几种情况：货到收款、货到款未收、预收货款等。会计人员应根据不同的情况，进行相应的账务处理。

（1）货到收款

企业发出货物后，收到对方的收账通知，根据开出增值税专用发票的记账联，借记"银行存款""库存现金"等科目，贷记"主营业务收入""应交税费——应交增值税（销项税额）"等科目。

（2）货到款未收

企业发出货物后，根据开出增值税专用发票的记账联，借记"应收账款"等科目，贷记"主营业务收入""应交税费——应交增值税（销项税额）"等科目。

（3）预收账款

预收账款是企业未发货之前，按照合同规定向购货单位预先收取的款项，如收到销货单位存入的保证金或定金等。

收到预收货款时，借记"银行存款"等科目，贷记"预收账款"科目；发货时，借记"预收账款"科目，贷记"主营业务收入""应交税费——应交增值税"（销项税额）"等科目；收尾款时，借记"银行存款"等科目，贷记"预收账款"科目。

预收账款不多的企业，将预收款项记入"应收账款"贷方。

（三）商业企业运输费的处理

商业企业采购过程中发生的与采购业务有关的运输费计入采购成本。2013年8月1日起，在全国范围内的交通运输业和部分现代服务业实行"营改增"，部分现代服务业适当扩围纳入广播影视作品的制作、播映、发行等；择机将铁路运输和邮电通信等行业纳入"营改增"试点。

企业收到的发票有新版的货物运输业增值税专用发票、税务代开的货物运输业增值税专用发票和国家税务局通用机打发票三种。

1. 收到货物运输业增值税专用发票

一般纳税人企业收到这种发票，按发票不含税金额部分计入采购成本，按发票的税额部分 11% 可以抵扣计入进项税额。

2. 收到国家税务局代开的货物运输业增值税专用发票

运输业小规模纳税人企业可以向税务申请代开的运输票，企业收到税务代开发票时，应按发票的不含税金额计入采购成本，按发票的税额部分 3% 计入进项税额进行抵扣。

3. 收到国家税务局通用机打发票

企业收到运输企业所开具的运输费普通发票，企业收到这种运费发票，不得抵扣，根据发票票面金额直接计入采购成本。

二、商业企业的期间费用的处理

商业企业除了采购成本外，还会发生其他支出，譬如报销办公费、差旅费、招待费、工资、银行手续费等费用。这些费用不记入商品的成本，而是直接记入公司的各种费用，这种费用称为"期间费用"。

期间费用是指企业本期发生的，不能直接或间接归入营业成本，而是直接记入当期损益的各项费用。包括销售费用、管理费用和财务费用等。

1. 销售费用

企业在销售过程中所发生的费用为销售费用。

销售费用包括应由企业负担的运输费、装卸费、包装费、保险费、展览费、销售佣金、委托代销手续费、广告费、租赁费和销售服务费用，专设销售机构人员工资、福利费、差旅费、办公费、折旧费、修理费、材料消耗、低值易耗品摊销及其他费用。

发生销售费用时，借记该科目，贷记"现金""银行存款""应付工资"等科目；期末，应将该科目的余额转入"本年利润"科目，结转后该科目应无余额。

2. 管理费用

企业管理和组织生产经营活动所发生的各项费用为管理费用。

管理费用包括企业管理人员工资、福利费、差旅费、办公费、折旧费、修理费、物料消耗、低值易耗品摊销和其他经费、工会经费（即按职工工资总额的一定比例计提拨交给工会的经费）、职工教育经费、审计费（即企业聘请注册会计师进行查账）、资产评估等发生的费用、诉讼费、税金（即企业按规定支付的房产税、车船使用税、土地使用税、印花税等）土地使用费、无形资产摊销、开办费和其他资产的摊销、坏账损失、业务招待费、绿化费、排污费等。

发生管理费用时，借记该科目，贷记"现金""银行存款""长期待摊费用""累计折旧""应付职工薪酬""应交税金"等科目；期末，应将该科目结转至"本年利润"科目，结转后该科目应无余额。

3. 财务费用

财务费用是指企业为筹集生产经营所需资金等而发生的费用,包括利息支出(减利息收入)、汇兑损失(减汇兑收益）及相关的手续费等。

发生财务费用时，借记该科目，贷记"银行存款""应付利息""长期借款"等科目；发生应冲减的利息收入、汇兑收益，借记"银行存款"等科目，贷记该科目；期末，应将该科目结转至"本年利润"科目，结转后该科目应无余额。

温馨提示：

商业企业会计人员在报销上述费用时，都应先审核费用发票及单据是否正确，签章是否齐全等，再根据原始单据进行账务处理。

三、商业企业月末业务的处理流程

第一步：先对本月所有凭证重新进行审核，仔细核对减少差错

月末结账建立在日常会计凭证的日清基础上，要求日常的会计凭证数据和分录准确无误。一般建议在月末结账时核对。

第二步：进行相关项目的账实核对

1. 现金

在结账日末进行清盘，编制盘点表，对平现金与现金日记账的余额。若不平，应检查现金日记账和所有现金相关凭证，查清原因进行处理。

2. 银行存款

将银行所有日记账和银行对账单核对，余额若不平，要编制"银行余额调节表"。

3. 存货

商业企业的存货是指库存商品、周转材料等。在月末时应对存货进行盘点，并将盘点结果与明细账进行核对。如有差异，应查清原因进行处理。

第三步：核对税务认证清单与应交税金明细账等账户

（1）将税务进项税额认证清单和企业的应交税金——应交增值税（进项税额）明细账进行核对。

（2）将金税防伪税控开票系统的销项清单和企业的应交税金——应交增值税（销项税额）明细账进行核对。

（3）对于进项税额转出等其他应交税金的明细科目核对的原理是一样的。

第四步：查看所有明细科目余额，对有异常的方向余额进行调整

（1）将所有明细账与总账进行核对。

（2）清查应收账款、应付账款、预收账款、预付账款有无串户情况并进行清理。

（3）查看应收账款、预付账款、其他应收款明细账所有明细有无贷方余额，如有应查清原因进行调整。如应收账款贷方应调到预收账款，预付账款贷方应调到应付账款等。同理应付账款、预收账款，应清查借方余额。应付账款借方应调到预付账款、预收账款借方应调到应收账款等。

第五步：编制月末结账的转账分录

1. 计提工资

计提工资主要包括工资明细表和工资汇总表的编制、工资的计提、社保费的计提、住房公积金的计提等账务处理。计提时，借记"管理费用——工资/福利费/住房公积金"等科目；贷记"应付职工薪酬"等

科目。

2. 低值易耗品的摊销

企业应当采用一次转销法或者五五摊销法对低值易耗品进行摊销,计入相关资产的成本或者当期损益。购入时借记"周转材料——低值易耗品"等科目,贷记"银行存款"等科目;领用时借记"管理费用"等科目,贷记"周转材料——低值易耗品"等科目。

3. 无形资产的摊销

企业一般采用直线法摊销无形资产,即

$$年摊销额 = 原值 \div 合同受益年限$$

$$月摊销额 = 年摊销额 \div 12$$

购入无形资产时,借记"无形资产"科目;贷记"银行存款"等科目;摊销时,借记"管理费用"等科目;贷记"累计摊销"科目。

4. 计提折旧

企业根据部门计提固定资产折旧时,借记"销售费用""管理费用"等科目,贷记"累计折旧"科目。

5. 暂估商品

月末,对于企业已入库商品但未收到发票的,要进行暂估商品价格,暂估时借记"库存商品"科目;贷记"应付账款"科目;下月初等发票来时冲回原分录。

6. 结转商品销售成本

结转商品销售成本时,需编制销售成本计算表,结转成本时,借记"主营业务收入/其他业务成本"等科目;贷记"库存商品/周转材料"等科目。

7. 计提税费

计提税费包括结转未交增值税、计提营业税金及附加、计提所得税等。

(1) 转出未交增值税,先要计算当期应交增值税。

$$当期应交的增值税 = 当期销项税额 - 当期进项税额 + 当期进项税额转出 - 上期留底税额$$

当期应交增值税的余额为负数,表示本期税额为进项留底,本月无需缴纳增值税;反之,余额为正数,表示本月要缴纳增值税,应将税额转入"应交税费——未交增值税"科目,即借记"应交税费——应交增值税——转出未交增值税"科目;贷记"应交税费——未交增值税"科目,转出后,"应交税费——应交增值税"科目余额为0。

下月交税时,借记"应交税费——未交增值税"科目,贷记"银行存款"科目。

(2) 计提营业税金及附加。

营业税金及附加计提表见表 1-1 。

表 1-1 营业税金及附加计提表

税　　种	计税依据	税率/%
城市维护建设税	增值税、消费税、营业税	7
教育费附加	增值税、消费税、营业税	3
地方教育费附加	增值税、消费税、营业税	2

(3) 计提所得税。

月末，企业如果盈利，会计人员就要计提企业所得税，反之，如果企业亏损，就无需计提所得税。

计提时，借记"所得税费用"科目，贷记"应交税费——应交所得税"科目，月末，将损益类科目结转到本年利润科目。

8. 结转本年利润，结平所有损益类科目

月末，会计人员将"主营业务收入""其他业务收入""投资收益""营业外收入"等科目贷方余额结转到"本年利润"，结转后，收入类科目余额为零。

将"主营业务成本""其他业务成本""营业税金及附加""销售费用""管理费用""财务费用""营业外支出"等损益类科目的期末借方余额结转到"本年利润"科目，结转后，损益类科目的余额为 0。

第二章　商业企业演练资料

第一节　模拟企业相关资料

一、模拟企业资料

企业名称：无锡弘智商贸有限公司（一般纳税人）

纳税人识别号：320200110153789288

经营地址：无锡市中山路 18 号

联系电话：0510 - 82737610

公司类型：有限责任公司

注册资本：250 万元

经营范围：批发、零售服饰、皮具等

开户银行：交通银行东门支行

银行账号：32200062210810788

二、模拟企业制度

（1）企业实施新会计准则

（2）企业核算为权责发生制

（3）企业采用科目汇总表账务处理程序

（4）企业库存商品按进价金额核算

（5）低值易耗品采用一次摊销法

（6）企业发出存货计价采用加权平均法

（7）企业固定资产折旧采用平均年限法

（8）企业所得税税率适用 25%

第二节　筹建期业务

一、商业企业筹建期开办费的概念

（一）筹建期的时间范围

《中华人民共和国会计法》规定：新办企业筹建期自我国有关部门批准成立之日起到开始生产经营（包括试生产、试营业）止。

一般的商贸企业和服务性行业以可以正式开业的当天作为开办期结束。

（二）开办费的范围

1. 筹建人员开支的费用

（1）筹建人员的工资费用：具体包括筹建人员的工资奖金等工资性支出，以及各种社会保险费和住房公积金。在筹建期间按工资总额的14%计提的职工福利费也包括在这个项目里。

（2）差旅费：筹建人员从事筹办业务发生的市内交通费和外地差旅费。

（3）董事会费：指筹建期间董事会及其成员为执行董事会的职能而开支的费用，包括董事会开会和工作期间董事会成员和有关工作人员的差旅费、住宿费、伙食费及有关的必要开支。

2. 筹措资本的费用

主要是指筹资支付的手续费及不计入固定资产和无形资产的汇兑损益和利息等。

3. 人员培训费

主要有以下两种情况：

（1）选派一些职工在筹建期间外出进修学习的费用。

（2）聘请专家进行技术指导和培训的劳务费及相关费用。

4. 企业资产的折旧、摊销

《企业会计制度》第三十四条对取得的固定资产做出了规定："凡在折旧范围内固定资产，只要达到预定可使用状态，都应按月提取折旧。"而不分企业是否正式开始生产经营。当月增加的固定资产，当月不提折旧，从下月起计提折旧；当月减少的固定资产，当月照提折旧，从下月起不提折旧。

《企业会计制度》第四十六条对无形资产的摊销做出了规定："无形资产应当自取得当月起在预计使用年限内分期平均摊销，计入损益。"其摊销的开始时间是"取得当月"，而不论是在筹建期间还是在生产经营期间取得。

5. 其他费用

（1）筹建期间发生的办公费、印刷费、电话费、广告费、交际应酬费等。

（2）印花税等。

（3）其他与筹建有关的费用。例如咨询费、庆典礼品费等支出。

二、不列入开办费范围的支出

（1）取得各项资产所发生的费用，包括购建固定资产和无形资产时支付的运输费、安装费、保险费和购建时发生的相关人工费用。这些费用应该资本化。

（2）规定应由投资各方负担的费用，如投资各方为筹建企业进行调查、商务活动发生的差旅费、咨询费、招待费等支出。

（3）投资方因投入资本自行筹措款项所支付的利息，不得计入开办费。

（4）以外币现金存入银行而支付的手续费，不得记入开办费。

三、开办费的会计处理

《企业会计制度》规定将开办费一次性计入开始生产经营当月的损益，借记"管理费用"，贷记"长期待摊费用——开办费"。年终要进行纳税调整。

四、开办费的税务处理

《企业所得税暂行条例实施细则》第三十四条规定：企业在筹建期发生的开办费，应当从开始生产、经营月份的次月起；在不短于5年的期限内分期扣除。

五、筹建期业务实例

【情景1】公司收到股东投资

理论准备：

公司注册流程

第一步：准备5个以上公司名称到工商局核名；

第二步：到刻章店刻章一套，分为公章、财务章、法人章、合同章；

第三步：整理资料工商局办理营业执照；

第四步：整理资料办理国税相关事务；

第五步：整理资料办理地税相关事务；

第六步：到银行开设公司基本账户。

2014年3月1以后，出现了诸多奇妙的现象：仅一块钱就可以注册公司，成为老板了；申请公司时无需为了硬凑资本四处找投资，只要"认缴"一定资金就行，在工商局登记时也"松绑"了，不需要再提交验资报告……

工商行政管理部门自2015年10月1日起实施，实现"三证合一""一照一码"，其他登记管理部门在2015年底前实施。对新设立的法人和其他组织，在办理注册登记时，由登记管理部门（工商、民政、机构编制等部门）发放统一社会信用代码，打印在登记证照上。

为新注册的法人和其他组织发放统一的社会信用代码和登记证照，以及为已注册的法人和其他组织换发统一的社会信用代码和登记证照，均不收取费用。

案例：2014年11月8日，公司收到股东王楠生投入注册资本150万元，股东陈玉英投入注册资本100万元，存入交通银行临时账户，取得银行进账通知单。

交通银行 进账单 (收账通知) **3**

2015 年 11 月 8 日

出票人	全 称	王楠生	收款人	全 称	无锡弘智商贸有限公司
	账 号	36021166543648		账 号	620201156546628
	开户银行	交通银行		开户银行	交通银行中山路分理处

金额	人民币 (大写)	壹佰伍拾万元整	亿	千	百	十	万	千	百	十	元	角	分
				¥	1	5	0	0	0	0	0	0	0

票据种类		票据张数	
票据号码			

交通银行
无锡中山路分理处
2015-11-08
转讫

孙 丽

复核 记账

收款人开户银行签章

8.5×17.5公分 竖9

此联是收款人开户银行交给收款人的收账通知

✂

交通银行 进账单 (收账通知) **3**

2015 年 11 月 8 日

出票人	全 称	陈玉英	收款人	全 称	无锡弘智商贸有限公司
	账 号	3602116872423		账 号	620201156546628
	开户银行	交通银行		开户银行	交通银行中山路分理处

金额	人民币 (大写)	壹佰万元整	亿	千	百	十	万	千	百	十	元	角	分
				¥	1	0	0	0	0	0	0	0	0

票据种类		票据张数	
票据号码			

交通银行
无锡中山路分理处
2015-11-08
转讫

孙 丽

复核 记账

收款人开户银行签章

8.5×17.5公分 竖9

此联是收款人开户银行交给收款人的收账通知

✂

【情景 2】收到投资款存款利息

理论准备：在筹建期内的银行存款利息冲减开办费。

案例：2015 年 11 月 15 日，取得临时存款账户利息收入 121.53 元（计息期间 2015-11-08 — 2015-11-15），活期利率为 0.25%。

<table>
<tr><td colspan="6">教学专用</td><td>2</td></tr>
<tr><td colspan="7">交通银行（ 中山路分理处 ）计付存款利息清单 （收款通知）</td></tr>
<tr><td colspan="7">2015 年 11 月 15 日</td></tr>
<tr><td colspan="7">单位名称： 无锡弘智商贸有限公司</td></tr>
<tr><td colspan="3">结算账号：62020115654628</td><td colspan="4">存款账号：62020115656628</td></tr>
<tr><td>编号</td><td>计息类型</td><td>计息起讫日期</td><td>计息积数</td><td>利率</td><td>利息金额</td></tr>
<tr><td></td><td>普通积数</td><td>2015-11-08--2015-11-15</td><td>17,500,000.00</td><td>%
0.25</td><td>¥121.53</td></tr>
<tr><td>摘要：</td><td></td><td></td><td></td><td>金额
合计</td><td>CNY 121.53</td></tr>
<tr><td colspan="6">金额合计（大小）人民币壹佰贰拾壹元伍角叁分</td></tr>
<tr><td colspan="3">复核：</td><td colspan="3">记账：</td></tr>
</table>

SL—024—3000x2—500—2005

【情景 3】向股东王楠生借款，用于公司日常开支

理论准备：向股东借款，出纳收到钱款后，要开具"收款收据"，一联给股东，一联公司做账，存根联留在收据本上，以备查看。

案例：2015 年 11 月 15 日，向股东王楠生借款 10 000 元，用于公司日常零星开支。

<table>
<tr><td colspan="4">教学专用</td><td>3</td></tr>
<tr><td colspan="5">收 款 收 据 No A</td></tr>
<tr><td colspan="5">2015 年 11 月 15 日</td></tr>
<tr><td>附件 张</td><td></td><td></td><td></td><td rowspan="5">第
三
联

财

务</td></tr>
<tr><td>交款单位
（或交款人）</td><td colspan="3">王楠生</td></tr>
<tr><td>交款项目</td><td colspan="3">借款给公司</td></tr>
<tr><td>人民币（大写）</td><td colspan="3">亿 仟 佰 ⊗拾 壹万 零仟 零佰 零拾 零元 零角 零分 ¥ 10000.00</td></tr>
<tr><td>备 注：</td><td colspan="3">无锡弘智商贸
有限公司
财务专用章</td></tr>
<tr><td>收款单位公章</td><td>收款人 王小丽</td><td colspan="2">交款人 王楠生</td><td></td></tr>
</table>

【情景 4】开设基本存款银行账户

理论准备：公司开立对公基本存款账户时要带好工商营业执照正副本、法定代表人（负责人）身份证原件和复印件、代理人的身份证原件和复印件、公章、公司财务专用章、法人私章、开户许可证（见图 2-1）等去办理开户手续。

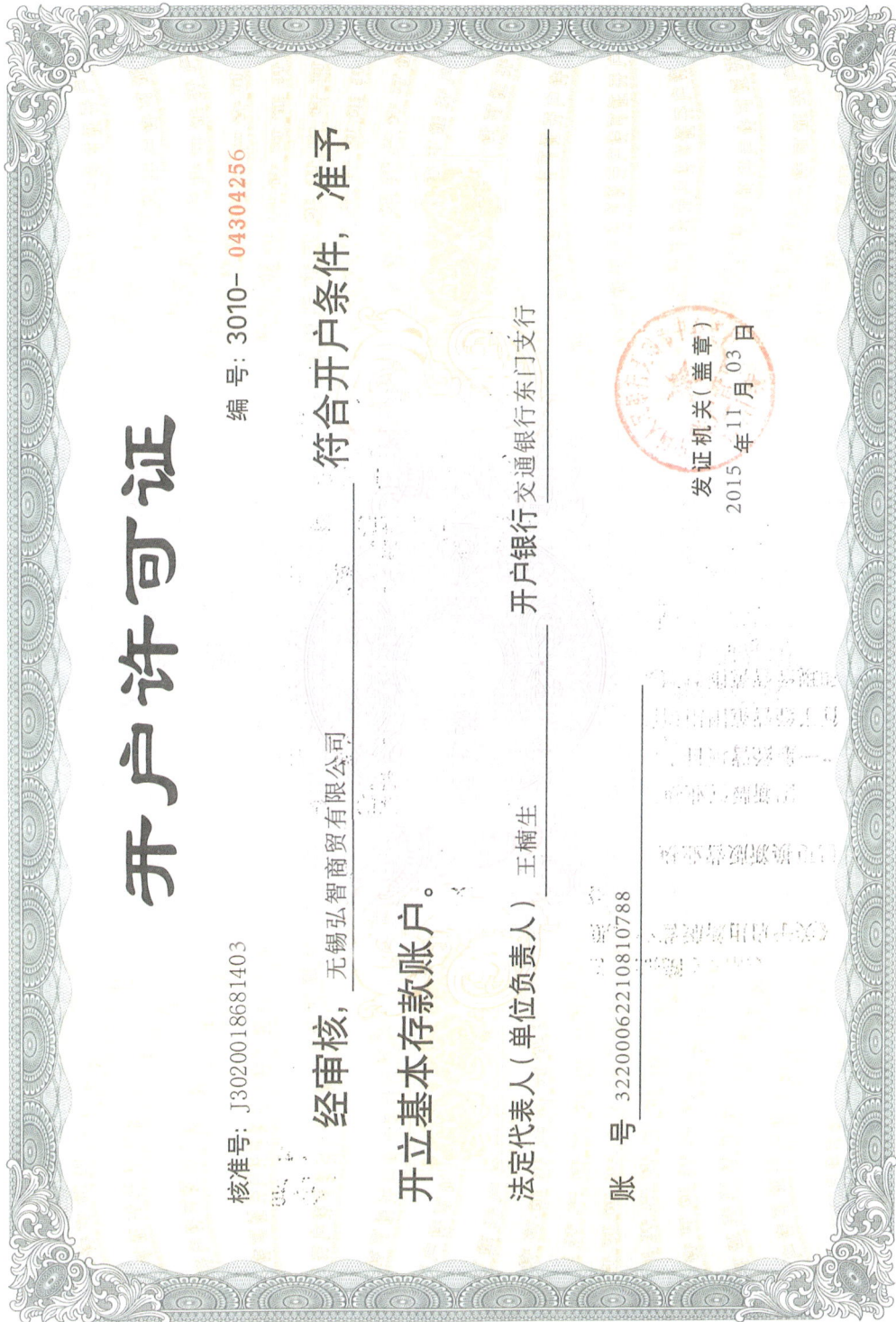

开户许可证

核准号：J302001868140 3

经审核，无锡弘智商贸有限公司

开立基本存款账户。

法定代表人（单位负责人）王楠生

账　号 322000622108 10788

编　号：3010—04304256

符合开户条件，准予

开户银行交通银行东门支行

发证机关（盖章）

2015 年 11 月 03 日

图 2-1 开户许可证

案例:2015 年 11 月 16 日，财务叶芳去交通银行东门支行办理开立基本存款账户的手续，并存入现金 500 元，财务填写交通银行的现金解款单。

【情景 5】公司临时户销户，存款转入基本户

理论准备:临时户销户资金时，必须将资金转入基本户中（这是人民银行规定的）。

案例:2015 年 11 月 16 日，临时户上的投资款转入基本存款账户，金额为 2 500 121.53 元，临时账户销户。

【情景6】公司对办公场所进行装修

理论准备：公司办公用房的装修费，属于经营租赁方式租入的固定资产发生的改良支出，其装修费若由本期负担（小修）可直接计入当期损益；若大修，则应计入长期待摊费用，按受益期进行摊销计入损益。本公司租房面积为 1 000 平 m²（装修图见图 2-2），装修费为 120 万元，计入"长期待摊费用——装修费"科目，在合同约定的租赁期 5 年内分期摊销。

图 2-2 装修图

案例：2015 年 11 月 22 日，行政部方晶晶申请支付广东好工匠装饰有限公司装修工程款 120 万元，其中，办公区装修费 90 万元，仓库装修费 30 万元，装修完毕，取得装修发票，填制费用报销单，有关人员审核后，出纳签发转账支票支付，支票号为 7220341。

教学专用　　6-1

交通银行
转账支票存根
36631102
7220341

附加信息

出票日期　2015 年　11 月　15 日

收款人：	广东好工匠装饰
金　额：	￥1,200,000.00
用　途：	装修费

单位主管　叶芳　　会计　王小丽

汇苏弘智印刷有限公司 2013 印制

用 款 申 请 单

强林纸品 142-18

申请日期 2015 年 11 月 15 日

用 款 用 途	付装修费		用 款 方 式	转账支票	货币币种	
用 款 金 额	(大写) 壹佰贰拾万元整			(小写) ￥1,200,000.00		
用 款 部 门	总经办		合 同 号			
申 请 人	谢晓丽		约定交货期或报账期	2015 年 11 月 15 日		
部 门 负 责 人			收款单位全称	广东好工匠装饰有限公司		
财 务 签 批	叶芳		账 号	32020078112125 4712		
主 管 签 批	陈玉英		开 户 银 行	6222007221 8808		

建 筑 业 统 一 发 票 （代 开）

发 票 联

开票日期：2015-11-15

发票代码 232000132066
发票号码 23152599

机打代码 机打号码 机器号码	232000132066 23152599	税控码	D29FCCA97E41990B3775EBCE0E404B9			
付款方名称	无锡弘智商贸有限公司	身份证号/组织机构代码/纳税人识别号	32020110153789288	是否为总包人	否	
收款方名称	广东好工匠装饰有限公司	身份证号/组织机构代码/纳税人识别号	320200781121254712	是否为分包人	否	
工程项目名称	工程项目编号	结算项目	金额（元）	完税凭证号码（代扣代缴税款）		
房屋	ZX85476	装修费	￥1,200,000.00			
合计金额（元）(大写)	壹佰贰拾万元整		￥1,200,000.00			
税率、税额		完税凭证号码		主管税务机关及代码		
备注						

开票人：李四   开票单位签章：   收款方签章：

【情景 7】 出纳购买空白支票

理论准备：出纳在开支票之前，要先去银行柜台购买空白支票，填写银行结算凭证领购单。

案例：2015 年 11 月 22 日，出纳到银行购买空白现金支票 25 张，计 30 元，空白转账支票 25 张，计 30 元，银行直接划扣 60 元。

【情景 8】出纳提取现金

理论准备：出纳到银行提取现金前，要先填好"现金支票"，盖好"财务专用章"和"法人章"，然后把左边存根联沿着虚线剪下，持右半部分支票到银行提取现金。

案例：2015 年 11 月 22 日，出纳填制现金支票一张，支票号为 06986901，金额 10 000 元，用以日常零星开支。

【情景9】报销公司刻章费用，另报销银行开户管理费

理论准备：公司开业前要雕刻单位公章、法人章、财务专用章、发票专用章、现金收讫章、现金付讫章、合同章等（见图2-3至图2-10）记入开办费。

图 2-3　公章、合同章

2-4　公章印

图 2-5 合同章印

图 2-6　发票专用章

2-7　发票专用章印

图 2-8　财务专用章、法人私章

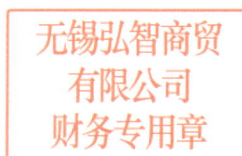

2-9 财务专用章印

2-10　法人私章印

案例：2015 年 11 月 25 日，行政部方晶晶报销刻章费 750 元，银行开户费 500 元，由行政部方晶晶填写费用报销单，经审核后，出纳现金予以报销。

教学专用

费用报销单

编号

部门 行政部   申请日期： 2015 年 11 月 25 日

摘　　　　要	金　额								科　　目
	十万	千	百	十	元	角	分		
刻章费			7	5	0	0	0		
银行开户管理费			5	0	0	0	0		
合计人民币(大写) 壹仟贰佰伍拾元整	￥	1	2	5	0	0	0		

现金付讫

强林纸品 121-35

财会主管 叶芳　　记账　　　　出纳　　　　部门主管 谢晓丽　　复核　　　　报销人 方晶晶

教学专用

交通银行（　无锡东门支行　）付款通知书

日期　2015-11-25

机构号　322211　　　　　　　交易代码　091040

单位名称	无锡弘智商贸有限公司	
账号	32200062210810788	
摘要	收费种类　　　　金额 开户费　　　CNY500.00	
	金额合计　　CNY500.00	
金额合计(大写)	人名币伍百元整	

交通银行
无锡东门支行
2015-11-25
会计业务章

第二联　回单

001-5#×2-2005

注：此付款通知书加盖我行业务公章方有效.

流水号：　　　　　　　　经办　3225071

江苏省无锡市国家税务局通用手工发票

发票联

发票代码 132021470130
发票号码 01865324

付款单位：无锡弘智商贸有限公司　　　　　　　2015 年 11 月 25 日

项目内容	金额					备注
	百	十	元	角	分	
雕刻	7	5	0	0	0	
合计人民币（大写）⊗ 柒佰伍拾元整	7	5	0	0	0	

现金付讫

收款单位名称：　　　　　　　　开票人：李强
收款单位税号：

第二联 发票联

【情景 10】公司安装电信光纤宽带

理论准备：公司新开业安装的宽带费、固定电话等安装费进"长期待摊费用——开办费"科目，进入经营期后，公司的话费进入"管理费用——通信费"科目。

案例：2015 年 11 月 25 日，公司安装电信光纤宽带 100 M，费用 3 080 元，取得电信发票，行政部方晶晶填制费用报销单，相关部门审核后，出纳开具转账支票支付，支票号为 7220342。

费用报销单

编号

部门　行政部　　　　　申请日期：2015 年 11 月 25 日

摘要	金额							科目
	十万	千	百	十	元	角	分	
光纤宽带费100M			3	0	8	0	0	0	
合计人民币(大写) 叁仟零捌佰元整		¥	3	0	8	0	0	0	

财会主管 叶芳　　记账　　出纳　　部门主管 谢晓丽　　复核　　报销人 方晶晶

交通银行
转账支票存根
36631102
7220342

附加信息 _____

_____

出票日期 2015 年 11 月 25 日

收款人：
中国电信股份无锡分公司
金 额：￥3,080.00
用 途：光纤费

单位主管 叶芳 会计 叶小丽

江苏省地方税务局通用机打发票(电子)

发票联

232021500100007255256608

		发票代码 232001009515

开票日期 2015年11月25日14:15:23 行业分类：电信 营业点：无锡中山路电信营业厅W6A1549 发票号码 00860658

号码：051082737610	合同号：103821333	发票代码：232001009515
客户名称：无锡弘智商贸有限公司		发票号码：00860658
		流水：296044754
应收月份：2015.11.25——2016.11.25		
光纤宽带费 3080.00		上次余额：
		本次零头：
合计（大写） 叁仟零捌拾元整	合计（小写）：￥3080.00	

第一联：发票联（付款方付款凭证）（手写无效）

【情景 11】员工出差借款

理论准备:公司员工出差前借款,需先填写借款单,部门领导签字后,出纳付款。

案例:2015 年 11 月 27 日,销售部李民出差,向财务部借款 3 000 元,出纳现金支付。

借 款 单　11

借款日期 2015 年 11 月 27日

第一联 存 根

借款部门	销售部	借款人	李民

借款原因	出差借款

借款金额（大写）	⊗万叁仟零佰零拾零元零角零分	万 千 百 十 元 角 分 ¥3 0 0 0 0 0

单位(或部门)负责人意见: 谢晓丽 2015 年 11 月 27 日	订还款日期与金额	借款人盖章

【情景 12】提取现金准备发工资

理论准备:公司发工资之前,先要出纳填开现金支票,提取现金。

案例:2015 年 11 月 28 日,出纳开具现金支票提取现金 22 700 元,以备发工资,支票号为 06986902。

教学专用　12

交通银行
现金支票存根
30103226
06986902

汇苏弘智印制有限公司2013印制

附加信息
＿＿＿＿＿＿＿＿＿＿＿
＿＿＿＿＿＿＿＿＿＿＿

出票日期 2015 年 11 月 28 日

收款人:	无锡弘智商贸有限公司
金 额:	¥22,700.00
用 途:	工资

单位主管 叶芳　会计 王小丽

【情景 13】发工资

理论准备：实务中，工资明细表的编制工作一般由行政部门负责，但有些企业是由财务部门统一编制的。若由财务人员编制，在编制工资表过程中，除采用财务软件生成工资表以外，会计人员还常利用 Excel 编制。企业的工资都要通过"应付职工薪酬"科目进行核算，"应付职工薪酬"科目下可以设"工资""福利费""工会经费""社保费""住房公积金"等二级科目；代扣个人社保和住房公积金通过"其他应付款——代扣养老""其他应付款——代扣医疗""其他应付款——代扣失业""其他应付款——代扣住房公积金"等科目；代扣个人所得税通过"应交税费——应交个人所得税"科目核算。

案例：2015 年 11 月 28 日，现金发放 11 月份应发工资 22 733.33 元，其中代扣个人社保 2 387.01 元，代扣个人所得税 76.40 元，代扣住房公积金 2 728 元，现金支付。

编制单位：无锡弘智商贸有限公司

2015年11月工资表

部门	姓名	基本工资	考勤天数	考勤工资	奖金	提成	补贴	应发工资	代扣养老	代扣医疗	代扣失业	代扣个税	代扣住房公积金	实发工资	单位养老金	单位医疗金	单位补充医疗金	单位失业金	单位生育金	单位工伤金	单位社保费合计	单位住房公积金	领款人签名
总经办	王楠住	8000	20	5333.33				5333.33	426.67	106.67	26.67	38.20	640.00	4095.12	1066.67	373.33	64.00	80.00	26.67	42.67	1653.34	640.00	王楠住
总经办	陈玉英	8000	20	5333.33				5333.33	426.67	106.67	26.67	38.20	640.00	4095.12	1066.67	373.33	64.00	80.00	26.67	42.67	1653.34	640.00	陈玉英
总经办	谢晓丽	3800	20	2533.33				2533.33	202.67	50.67	12.67	0.00	304.00	1963.32	506.67	177.33	30.40	38.00	12.67	20.27	785.34	304.00	谢晓丽
行政部	方晶晶	3600	20	2400.00				2400.00	192.00	48.00	12.00	0.00	288.00	1860.00	480.00	168.00	28.80	36.00	12.00	19.20	744.00	288.00	方晶晶
销售部	李民	2500	20	1666.67				1666.67	133.33	33.33	8.33	0.00	200.00	1291.68	333.33	116.67	20.00	25.00	8.33	13.33	516.66	200.00	李民
销售部	蔡莞亮	2200	20	1466.67				1466.67	117.33	29.33	7.33	0.00	176.00	1136.68	293.33	102.67	17.60	22.00	7.33	11.73	454.66	176.00	蔡莞亮
财务部	叶芳	4000	20	2666.67				2666.67	213.33	53.33	13.33	0.00	320.00	2066.68	533.33	186.67	32.00	40.00	13.33	21.33	826.66	320.00	叶芳
财务部	王小丽	2000	20	1333.33				1333.33	106.67	26.67	6.67	0.00	160.00	1033.32	266.67	93.33	16.00	20.00	6.67	10.67	413.34	160.00	王小丽
合计		34100		22733.33	0	0	0	22733.33	1818.67	454.67	113.67	76.40	2728.00	17541.92	4546.67	1591.33	272.80	341.00	113.67	181.87	7047.34	2728.00	

总经理：王楠住　　　　财务审核：叶芳　　　　制单：方晶晶

【情景 14】计提本月工资、社保、住房公积金等

理论准备：公司筹建人员的工资费用记入开办费，具体包括筹建人员的工资奖金等工资性支出，以及各种社会保险费和住房公积金。在筹建期间按工资总额的 14% 计提职工福利费也包括在这个项目里。

案例：2015 年 11 月 30 日，计提 2015 年 11 月工资 22 733.33 元，单位社保费 7 047.34 元，单位住房公积金 2 728 元。

14-1

2015年11月份工资汇总表

编制单位：无锡弘智商贸有限公司

部门	应发工资	个人社保	个人公积金	个人所得税	实发工资	单位缴纳社保	单位缴纳公积金	单位总支出
总经办	13199.99	1386.03	1584.00	76.40	10153.56	4092.02	1584.00	18876.01
行政部	2400.00	252.00	288.00	0.00	1860.00	744.00	288.00	3432.00
销售部	3133.34	328.98	376.00	0.00	2428.36	971.32	376.00	4480.66
财务部	4000.00	420.00	480.00	0.00	3100.00	1240.00	480.00	5720.00
合计	22733.33	2387.01	2728.00	76.40	17541.92	7047.34	2728.00	32508.67

编制单位：无锡弘智商贸有限公司

2015年11月工资表

部门	姓名	基本工资	考勤天数	考勤工资	奖金	提成	补贴	应发工资	代扣养老	代扣医疗	代扣失业	代扣个税	代扣住房公积金	实发工资	单位养老金	单位医疗金	单位补充医疗金	单位失业金	单位生育金	单位工伤金	单位社保费合计	单位住房公积金	领款人签名
总经办	王楠生	8000	20	5333.33				5333.33	426.67	106.67	26.67	38.20	640.00	4095.12	1066.67	373.33	64.00	80.00	26.67	42.67	1653.34	640.00	王楠生
总经办	陈玉英	8000	20	5333.33				5333.33	426.67	106.67	26.67	38.20	640.00	4095.12	1066.67	373.33	64.00	80.00	26.67	42.67	1653.34	640.00	陈玉英
总经办	谢晓丽	3800	20	2533.33				2533.33	202.67	50.67	12.67	0.00	304.00	1963.32	506.67	177.33	30.40	38.00	12.67	20.27	785.34	304.00	谢晓丽
行政部	方晶晶	3600	20	2400.00				2400.00	192.00	48.00	12.00	0.00	288.00	1860.00	480.00	168.00	28.80	36.00	12.00	19.20	744.00	288.00	方晶晶
销售部	李民	2500	20	1666.67				1666.67	133.33	33.33	8.33	0.00	200.00	1291.68	333.33	116.67	20.00	25.00	8.33	13.33	516.66	200.00	李民
销售部	蔡亮亮	2200	20	1466.67				1466.67	117.33	29.33	7.33	0.00	176.00	1136.68	293.33	102.67	17.60	22.00	7.33	11.73	454.66	176.00	蔡亮亮
财务部	叶芳	4000	20	2666.67				2666.67	213.33	53.33	13.33	0.00	320.00	2066.68	533.33	186.67	32.00	40.00	13.33	21.33	826.66	320.00	叶芳
财务部	王小丽	2000	20	1333.33				1333.33	106.67	26.67	6.67	0.00	160.00	1033.32	266.67	93.33	16.00	20.00	6.67	10.67	413.34	160.00	王小丽
合计		34100		22733.33	0	0	0	22733.33	1818.67	454.67	113.67	76.40	2728.00	17541.92	4546.67	1591.33	272.80	341.00	113.67	181.87	7047.34	2728.00	

总经理：王楠生　　财务审核：叶芳　　制单：方晶晶

【情景 15】支付办公租房押金

理论准备：公司办公场所是租赁的，一般业主会要求交一笔押金，业主开具押金收据，等租赁期结束时凭收据将押金退还给承租人。

案例：2015 年 11 月 30 日，向华夏房地产租办公用房，支付办公用房押金 50 000 元，出纳转账支付，支票号 7220343。

【情景 16】采购部与供应商签订采购合同，支付合作保证金

理论准备: 依照《中华人民共和国担保法》约定一方向对方给付定金作为债权的担保，债务人履行债务后，定金应当抵作价款或者收回。给付定金的一方不履行约定的债务的，无权要求返还定金；收受定金的一方不履行约定的债务的，应当双倍返还定金。支付定金方作为"其他应收款"科目列支。

案例: 2015 年 11 月 30 日，采购部许凡与迪思尼皮具有限公司签订采购合同，合同约定支付履约保证金 50 000 元，由采购部许凡填制用款申请单，审核后，出纳电汇支付。

16-1

教学专用

用 款 申 请 单

申请日期 2015 年 11 月 31 日

用款用途	支付迪思尼履约保证金	用款方式	电汇	货币币种	
用款金额	(大写) 伍万元整		(小写) ￥50,000.00		
用款部门	采购部	合 同 号			
申 请 人	许凡	约定交货期或报 账 期	2015 年 11 月 31 日		
部门负责人	李民	收款单位全称	迪思尼皮具有限公司		
财 务 签 批	叶芳	账 号	1200648516486		
主 管 签 批	陈玉英	开 户 银 行	建设银行深圳新城支行		

强林纸品 142-48

教学专用

交通银行 BANK OF COMMUNICATIONS

结算业务申请书
RMB SETTLEMENT APPLICATION FORM

16-2

AB 57743242

申请日期 Date 2015年Y11月M30日D

业务类型 Type of Business: □信汇MT ☑电汇VT □本票PN □全国汇票DN □三省一市汇票DR □市县汇票DC □其他Other

申请人 Applicant	全 称 Full Name	无锡弘智商贸有限公司	收款人 Applicant	全 称 Full Name	迪思尼皮具有限公司
	帐号或地址 A/C No. or Address	32200062210810788		帐号或地址 A/C No. or Address	1200648516486
	开户银行 A/C Bank	交通银行东门支行		开户银行 A/C Bank	建设银行深圳新城支行

金额 Amount	人名币(大写) RMB in Words	伍万元整	亿 千 百 十 万 千 百 十 元 角 分
			￥ 5 0 0 0 0 0 0

上列相关款项请从我账户内支付:
In Payment Please Debit My Account

无锡弘智商贸有限公司财务专用章

生王印楠

申请人签章
Applicant's Authorized Signature(s) and or Stamp(s)

支付密码
Payment Pin No

签发收据时需选择:
Please Tick Where Applicate
□ 系统外 Cross Bank
□ 不可转让 Non-transferabe

电汇时需选择:
Please Tick Where Applicabls
☑ 普通 Cross Bank
□ 加急 Urgent

附加信息及用途:
Message and Purpose

第一联 此联银行作记账凭证

会计主管: 　　授权: 　　复核: 　　记账:

【情景 17】支付电汇手续费

理论准备：筹建期间发生的银行手续费，也要进入开办费列支。

案例：2015 年 11 月 30 日，支付电汇手续费 10.5 元，收到交通银行付款通知书，银行直接划扣。

17

交通银行（ 无锡东门支行 ）付款通知书

日期　2015-11-31

机构号　322211　　　　　交易代码　　091040

单位名称	无锡弘智商贸有限公司	
账号	32200062210810788	
摘要	收费种类　　　　　金额 电子划汇费　　CNY 00.00 代收工本费　　CNY 00.00 手续费　　　　CNY 10.50	
		金额合计　　　CNY 10.50
金额合计(大写)	人名币壹拾元伍角整	

（交通银行 无锡东门支行 2015-11-31 会计业务章）

注：此付款通知书加盖我行业务公章方有效.

流水号：　　　　　　　　　　经办　3225071

（001-50×2-20005）

第二联　回单

第三节　经营期业务

【情景18】支付本月租金

理论准备：在租赁办公用房场地时，先签订租赁合同，注明租赁合同期、租赁面积、支付方式等，公司进入经营期后，支付的属于当期费用要记入相关损益。

案例：2015 年 12 月 1 日，总经办谢晓丽申请支付本月无锡华夏房地产开发有限公司的办公用房租金 28 000 元，其中：行政管理部租金 17 000 元，销售部租金 3 000 元，仓库租金 8 000 元，取得普通发票，出纳开出转账支票支付，支票号为 7220344。

费用报销单 18-2

| 部门 | 总经办 | 申请日期 | 2015 年 12 月 1 日 |

摘要	金额（十万千百十元角分）	科目
行政管理部租金	17000 00	
销售部租金	3000 00	
仓库租金	8000 00	
合计人民币(大写) 贰万捌仟元整	￥28000 00	

财会主管 叶芳　记账　　出纳　　部门主管 陈玉英　复核　　报销人 谢晓丽

江苏省地方税务局通用机打发票(电开)

发票联

232021500100007255256460 8

开票日期：2015年12月01日　　　　行业分类：其他类

发票代码 232001303211
发票号码 32278687

付款方名称：无锡弘智商贸有限公司
付款方识别号：

发票代码：232001303211
发票号码：32278687

开票项目	单价	数量	折扣额	金额（人民币）	附注
12月租金	28000	1		28000.00	

金额合计（大写）人民币　　贰万捌仟元整　　　合计（小写）：￥28000.00
备注：

开户银行：
开户帐号：

开票人：苏伟敏　　收款方名称：无锡华夏地产开发有限公司　　收款方识别号：320200788002335
在线开局，请主动查验

第一联：发票联（付款方付款凭证）（手写无效）

【情景 19】购买办公桌椅

理论准备：固定资产，是指同时具有下列特征的有形资产：为生产商品、提供劳务、出租或经营管理而持有的；使用寿命超过一个会计年度。例如：办公桌（见图 2-11）、椅子、衣服架、饮水机等作为办公家具，在购入时应作为"固定资产"科目核算。

图 2-11　办公桌椅

案例：2015 年 12 月 2 日，向大铭家具专卖店购买办公家具一批，屏风办公桌椅 10 套，每套单价 800 元，大班桌椅 2 套，每套单价 5 800 元，会议桌一张，单价 1 200 元，会议椅 20 张，每张单价 200 元，书柜 4 件，每件单价 780 元，铁皮文件柜 10 件，每件单价 370 元，取得增值税专用发票，价款 31 620 元，税额 5 375.40 元，价税合计 36 995.40 元，行政部验收后发往各部门，并填制付款申请单，相关部门签字。

教学专用 19-1

交通银行
转账支票存根
36631102
7220345

江苏弘智印刷有限公司.2013印制

附加信息 _____

_____

出票日期 2015 年 12 月 2 日

收款人：	
无锡大铭家具	
金　额：￥36,995.40	
用　途：办公桌椅	

单位主管 叶芳　　会计 王小丽

教学专用 19-2

费用报销单

编号 [　　　]

部门 行政部　　　申请日期：2015 年 12 月 2 日

摘　　要	金　额							科　目
	十万	千	百	十	元	角	分	
办公桌椅		3	6	9	9	5	4	0	
合计人民币(大写)　叁万陆仟玖佰玖拾任元肆角元整	￥	3	6	9	9	5	4	0	

财会主管 叶芳　记账　　出纳　　部门主管 谢晓丽　复核　　报销人 方晶晶

3200142140　　江苏增值税专用发票　№ 06411702　3200142140
06411702

发票联

开票日期：2015年12月02日

购货单位	名　称：无锡弘智商贸有限公司
	纳税人识别号：320200110153789288
	地址、电话：江苏省无锡市中山路28号　0510-82737610
	开户行及账号：交通银行东门支行　3220062210810788

密码区：94<>+0>>>>6<531806/82349292
8/*804195-4+<169*5-0<068*</
-2*86**3<<7>/320/21<0</*23*
905666624<1-+-4**561644>5-

货物或应税劳务名称	规格型号	单位	数量	单价	金　额	税率	税　额
屏风办公桌椅		套	10	800	8000.00	17%	1360.00
大班桌椅		套	2	5800	11600.00	17%	1972.00
会议桌	160*300	张	1	1200	1200.00	17%	204.00
会议椅		张	20	200	4000.00	17%	680.00
书柜三门	150*220	件	4	780	3120.00	17%	530.40
铁皮文件柜		件	10	370	3700.00	17%	629.00
合　　计					￥31620.00		￥5375.40

价税合计（大写）	⊗ 叁万陆仟玖佰玖拾伍元肆角圆整	（小写）　￥36995.40

销货单位	名　称：无锡大铭家具有限公司	备注
	纳税人识别号：320200222360321002	
	地址、电话：无锡市锡沪路2号　010-824002860	
	开户行及账号：工商银行锡沪路支行　82220076630	

收款人：　　复核：　　开票人：徐杰　　销货单位（章）

税总函[2014]256号上海东港安全印制有限公司

第三联：发票联　购货方记账凭证

固定资产验收单

签收日期：2015.12.02

序　号	固定资产代码	固定资产名称	规格型号	单位	签发数量	单　价	金额	使用部门
1	A001	屏风办公桌椅		套	1	800	800	总经办
2	A002	屏风办公桌椅		套	2	800	1600	行政部
3	A003	屏风办公桌椅		套	3	800	2400	销售部
4	A004	屏风办公桌椅		套	2	800	1600	财务部
5	A005	屏风办公桌椅		套	2	800	1600	仓库
6	A006	大班桌椅		套	2	5800	11600	总经办
7	A007	会议桌	160*300	张	1	1200	1200	行政部
8	A008	会议椅		张	20	200	4000	行政部
9	A009	书柜	三门	件	4	780	3120	总经办
10	A010	铁皮文件柜		件	10	370	3700	财务部
		合　　计					31620	

签收人：方晶晶

【情景 20】出差报销费用

理论准备：

1. 企业差旅费费用标准（见表 2-1）

表 2-1　差旅费用标准

职务	交通工具	住宿标准	伙食标准	外埠市内交通费用
一般员工	火车硬卧、动车	120 元/天	30 元/天	30 元/天
部门负责人	火车硬卧、动车	150 元/天	40 元/天	40 元/天
总经理助理	飞机	200 元/天	50 元/天	50元/天
总经理及以上	飞机	实报实销	实报实销	实报实销

2. 费用标准的补充说明

（1）住宿费报销时必须提供住宿发票，实际发生额未达到住宿标准金额，不予补偿；超出住宿标准部分由员工自行承担。

（2）实际出差天数的计算以所乘交通工具出发时间到返回时间为准。

（3）伙食标准、交通费用标准实行包干制，依据实际出差天数结算，原则上采用额度内据实报销形式，特殊情况无相关票据时可按标准领取补贴。

（4）宴请客户由总经理批准后方可报销招待费，同时按比例（早餐 20%、午餐或晚餐 40%）扣减出差人当天的伙食补贴。

（5）出差时由对方接待单位提供餐饮、住宿及交通工具等将不予报销相关费用。

案例：2015 年 12 月 3 日，销售部经理李民出差回来，报销差旅费 1 339 元，原借款 3 000 元，多余款项退回给出纳。

20-1

差 旅 费 报 销 单

2015 年 12 月 2 日

单位部门：销售部

出发			到达			人数	交通工具	交通费金额	伙食补助		其他补助			出差事由	洽谈业务
月	日	地名	月	日	地名				天数	金额	项目	天数	金额		
11	27	无锡	11	27	温州南	1	动车	214.50	6	240	住宿费	4	600	出差人姓名	职务
12	1	温州南	12	2	无锡	1	动车	214.50			市内车费		70		
											邮电费			李民	经理
											未卧补助				
											其 他			出差人姓名	李民
合　计								429		240			670	原借款	3000
报销总额	人民币（大写）	壹仟叁佰叁拾玖元整					（小写）¥1339.00							补领金额	
														退还金额	1661

单位负责人：王楠生　　　　审核：叶芳　　　　出纳：王小丽　　　　领款人：蔡亮亮

浙江省地方税务局通用机打发票(电子)

发票联

发票代码：244031108431
发票号码：06856328

开票日期：2015-12-2　　　　行业分类：　服务业

付款方名称：无锡弘智商贸有限公司

付款方识别号：

开票项目	单价	数量	折扣额	金额（人民币）
住宿费	168	4		672.00

金额合计（大写）：人民币 陆佰柒拾贰元整
币种：人民币
备注：
开票人：张丽　　　收款方名称：温州汉庭快捷酒店

开户银行：
开户帐号：
收款方识别号：43232274403223

温州汉庭快捷酒店
43232274403223
发票专用章

第一联　发票联（付款方付款凭证）（手写无效）

浙江省温州市出租汽车有限公司

TAXI
温州市（1）
车费发票
FARE RECEIPT

发票代码：231000910116
发票号码：22324567

企业法人营业执照
注册号：3101091011642
国税　3101091322410036
沪字
监督电话：65295588
公司地址：股高路19号

手写无效	车号：	E.U2739
	证号：	096297
	日期：	2015-12-1
	上车：	14：32
	下车：	14：33
	单价：	2.10元
	里程：	0.1km
	等候：	00：00.03
	金额：	33.00元

含电调费　　　路桥费 0元
卡号　　　原额
　　　　　余额

00192176659
财务专用章

温州市出租汽车有限公司

TAXI
温州市（1）
车费发票
FARE RECEIPT

发票代码：231000910109
发票号码：22360857

企业法人营业执照
注册号：3101091011642
国税　3101091322410036
沪字
监督电话：65295588
公司地址：股高路19号

手写无效	车号：	E.V2711
	证号：	245744
	日期：	2015-11-30
	上车：	09：15
	下车：	09：41
	单价：	3.60元
	里程：	11.0km
	等候：	00：08.46
	金额：	37.00元

含电调费　　　路桥费 0元
卡号　　　原额
　　　　　余额

00192176659
财务专用章

火车票 Z167H013529 教学专用 20-5 温州站 售

2015年12月1日 19：26开
04车06F号
二等座

温州南　D5590次　无锡
WenZhou　　　　　WuXi

￥214.50元
限乘当日当次车
李民
3209821990****3278
北广场进站

3045—2301—6704—10H0—1352—9　和谐号

火车票 Z221J068449 教学专用 20-6 无锡 售

2015年11月27日09：01开
12车17F号
二等座

无锡　D2281次　温州南
WuXi　　　　　WenZhou

￥214.50元
限乘当日当次车
李民
3209821990****3278
北广场A3口

3049—7302—2110—10J0—6844—9　和谐号

【情景21】报销招待客户餐费

理论准备：经营期公司招待客户的餐费要进"管理费用——业务招待费"。业务招待费通常被界定为与企业生产经营活动"直接相关"的费用支出，主要有餐饮、住宿费（员工外出开会、出差发生的住宿费为"差旅费"）、香烟、食品、茶叶、礼品、正常的娱乐活动、安排客户旅游产生的费用等支出。

案例：2015年12月5日，总经办谢晓丽报销招待客户餐费800元，填制费用报销单，审核后出纳支付。

21-1

费用报销单

编号

部门 总经办　　　申请日期：2015 年 12 月 5 日

摘　　要	金　额								科　　目
	十万	千	百	十	元	角	分		
招待客户餐费			8	0	0	0	0		
合计人民币（大写）捌佰元整			￥	8	0	0	0		

现金付讫

财会主管 叶芳　记账　　出纳　　部门主管 陈玉英　复核　　报销人 谢晓丽

强林纸品 121-35

63

教学专用

江苏省地方税务局通用机打发票(电子)

发 票 联

开票日期：2015年12月05日   行业分类：其他类

发票代码 232001308111
发票号码 32278507

| 付款方名称：无锡弘智商贸有限公司 | 发票代码：232001308111 |
| 付款方识别号： | 发票号码：32278507 |

| 开票项目 | 金额（人民币） | 附注 |
| 餐费 | 800.00 | |

无锡喜临门大酒店
320200788002335
发票专用章

金额合计（大写）人民币 捌佰元整   合计（小写）：¥800.00
备注：

现金付讫

开户银行：
开户账号：

开票大：苏伟敏   收款方名称：无锡喜临门大酒店   收款方识别号：320200788002335
在线开局，请主动查验

第一联：发票联（付款方付款凭证）（手写无效）

无锡市证券印刷有限公司2014年11月印90万份

【情景 22】向供应商进货

案例：2015 年 12 月 5 日，向供应商迪思尼皮具有限公司购进商品一批，取得增值税专用发票，价款332 200 元，税额 56 474 元，价税合计 388 674 元，仓库王晓轩已验收合格，开具入库单，款暂欠。

教学专用

| 3200142140 | 江苏增值税专用发票 | № 06411737 | 5100144140 06411737 |

全国统一发票监制章
江苏
此联不作报销、扣税凭证使用
国家税务总局监制

开票日期：2015年12月5日

| 购货单位 | 名 称：无锡弘智商贸有限公司
纳税人识别号：320200110153789288
地址、电话：江苏省无锡市中山路28号 0510-82737610
开户行及账号：交通银行东门支行 32200062210810788 | 密码区 | 94<>+0>>>>6<531806/82349292
8/*804195-4+<169*5-0<068*</
-2*86**3<<7>/320/21<0</*23
905666624<1-+-4+**561644>5- |

货物或应税劳务名称	规格型号	单位	数量	单价	金 额	税率	税 额
男士商务公文包		件	200	298	59600.00	17%	10132.00
男士真皮商务公文包		件	200	498	99600.00	17%	16932.00
男士皮带		条	500	58	29000.00	17%	4930.00
女士单肩包		件	500	168	84000.00	17%	14280.00
女士斜挎包		件	500	78	39000.00	17%	6630.00
女士皮带		条	600	35	21000.00	17%	3570.00
合 计					¥332200.00		¥56474.00

| 价税合计（大写） | ⊗ 叁拾捌万捌仟陆百柒拾肆元整 | （小写）¥388674.00 |

| 销货单位 | 名 称：迪思尼皮具有限公司
纳税人识别号：360200110400728912
地址、电话：深圳市永安区科技路88号 0510-83722610
开户行及账号：建设银行深圳新城支行 360201171947121 | 备注 | 迪思尼皮具有限公司
360200110400728912
发票专用章 |

收款人：   复核：   开票人：王小丫   销货单位（章）

税总函[2014]256 号上海永达安全印制有限公司

第三联：发票联 购货方记账凭证

入 库 单

供应商：迪恩尼皮具　　　　2015 年 12 月 05 日　　　　编号：05001

商品编号	商品名称	规格	仓库	单位	数量	单价	金额（不含税）
A001	男士商务公文包			件	200	298	59600.00
A002	男士真皮商务公文包			件	200	498	99600.00
A003	男士皮带			条	500	58	29000.00
B001	女士单肩包			件	500	168	84000.00
B002	女士斜挎包			件	500	78	39000.00
B003	女士皮带			条	600	35	21000.00
合　计		——	——	——	2500		332200.00

会计：叶芳　　　　保管人：王晓轩　　　　经手人：王晓轩

【情景 23】采购办公电脑打印机

理论准备：公司采购办公电脑和打印机属于固定资产项目，按照《中华人民共和国企业所得税法实施条例》第六十条规定，固定资产计算折旧的最低年限如下：①房屋、建筑物，为20年；②飞机、火车、轮船、机器、机械和其他生产设备，为10年；③与生产经营活动有关的器具、工具、家具等，为5年；④飞机、火车、轮船以外的运输工具，为4年；⑤电子设备，为3年。该公司采购的办公电脑属于电子设备，计提折旧的最低年限为3年。

案例：2015 年 12 月 6 日，向无锡恒宇科技有限公司购买联想办公电脑4套（含显示器），每套不含税3 500 元，联想激光打印一体机一台3 700 元，取得增值税专用发票，价款17 700 元，税额3 009 元，价税合计20 709 元。行政验收后发放各部门，行政部方晶晶填制付款申请单，经审核后出纳签发转账支票支付，支票号为7220346。

23-1

交通银行
转账支票存根
36631102
7220346

附加信息
_____
_____

出票日期 2015 年 12 月 06 日

收款人:	
	无锡恒宇电脑
金　额:	￥20,709.00
用　途:	电脑款

单位主管 叶芳　　会计 王小丽

江苏弘智印刷有限公司,2013印制

用 款 申 请 单

申请日期　2015 年 12 月 6 日

用款用途	支付电脑、打印机款	用款方式	转账支票	货币币种	
用款金额	(大写)　贰万零柒佰零玖元整		(小写)　￥20,709.00		
用款部门	行政部	合 同 号			
申请人	谢晓丽	约定交货期或报账期	2015 年 12 月 6 日		
部门负责人		收款单位全称	无锡恒宇电脑科技有限公司		
财务签批	叶芳	账　号	6000630010211564l		
主管签批		开户银行	江苏银行王爱支行		

强林纸品 142-48

69

3200142140 　　江苏增值税专用发票　　No 03272030

国家统一发票监制

江苏

此票不得作报销、扣税凭证使用　　国家税务总局监制

开票日期：2015年12月6日

购货单位	名　　称：无锡弘智商贸有限公司 纳税人识别号：320200110153789288 地址、电话：江苏省无锡市中山路28号 0510-82737610 开户行及账号：交通银行东门支行 32200062210810788	密码区	94<>+0>>>>6<531806/82349292 8/*804195-4+<169*5-0<068*</ -2*86**3<<7>/320/21<0</*23* 905666624<1-+-4+**561644>5-

货物或应税劳务名称	规格型号	单位	数量	单价	金　额	税率	税　额
联想电脑	M2610N	套	4	3500	14000.00	17%	2380.00
联想激光打印机	AR277	台	1	3700	3700.00	17%	629.00
合　　计					￥17700.00		￥3009.00

价税合计（大写）	⊗ 贰万零柒佰零玖元整	（小写）　￥20709.00

销货单位	名　　称：无锡恒宇电脑科技有限公司 纳税人识别号：320200766136407082 地址、电话：无锡市五爱路32号 0510-82776110 开户行及账号：江苏银行五爱支路 6000063001021115641	备注	无锡恒宇电脑科技有限公司 320200766136407082 发票专用章

收款人：　　　　　复核：　　　　　开票人：王小　　　　　销货单位（章）

第三联：发票联 购货方记账凭证

税总函[2014]256 号 上海东港安全印制股份有限公司

固定资产验收单

签收日期：2015.12.06

序　号	固定资产代码	固定资产名称	规格型号	单位	签发数量	单　价	金额	使用部门
1	B001	联想电脑	M2610N	套	2	3500	7000	财务部
2	B002	联想电脑	M2610N	套	2	3500	7000	行政部
3	B003	联想激光打印机	AR277	台	1	3700	3700	财务部
合　　计							17700	

签收人：方晶晶

【情景24】支付广告费

理论准备：广告费是指企业通过一定媒介和形式直接或者间接地介绍自己所推销的商品或所提供的服务，激发消费者对其产品或劳务的购买欲望，以达到促销的目的，而支付给广告经营者、发布者的费用。

业务宣传费是指企业开展业务宣传活动所支付的费用，主要是指未通过广告发布者传播的广告性支出，包括企业发放的印有企业标志的礼品、纪念品等。

企业无论是取得广告业专用发票通过广告公司发布广告，还是通过各类印刷、制作单位制作如购物袋、遮阳伞、各类纪念品等印有企业标志的宣传物品，所支付的费用均可合并在规定比例内予以扣除。

广告费和业务宣传费计算基数在主营业务收入、其他业务收入、视同销售（营业）收入额的15%以内可以税前扣除。

案例：2015年12月8日，销售部蔡亮亮申请支付无锡移动电视公司12月广告费30 000元，经审核，出纳签发转账支票支付，支票号为7220347。

交通银行
转账支票存根
36631102
7220347

附加信息 _____

_____

出票日期 2015 年 12 月 8 日

收款人：	
无锡移动电视	
金　额:	￥30,000.00
用　途:	广告费

单位主管 叶芳　　会计 王小丽

教学专用

江苏弘智印刷有限公司,2013印刷

教学专用

费用报销单

编号 _____

部门　销售部　　　申请日期: 2015 年 12 月 8 日

摘　　要	金　额								科　目	
	十万	千	百	十	元	角	分			
12月广告费		3	0	0	0	0	0	0		
合计人民币(大写)　叁万元整	￥	3	0	0	0	0	0	0		

财会主管 叶芳　记账　　　出纳　　　部门主管 陈玉英　复核　　　报销人 蔡亮亮

强林纸品 121-35

73

江苏省无锡市国家税务局通用机打发票

发票联

教学专用

发票代码 232001007814

发票号码 00297517

0000340402678118

开票日期：2015-12-08   行业分类：广告业

机打发票代码 132021480630

付款方识别号					
付款方名称	无锡弘智商贸有限公司			机打发票号码	00297517
开票项目	单价	数量	折扣额	金额	附注
广告费				30000.00	

第一联 发票联（付款方付款凭证）（手开无效）

金额合计（大写）   ⊗叁万元整   （小写）￥30000.00

开户银行   建设银行无锡中山路支行

备注   1025   银行账号   32001613536052501378

开票人 任丽华   收款方名称 无锡移动电视公司   收款方识别号 320200312486788

在线开具：请主动查询

无锡苏宁印刷2014年09月
起选号码0590001-0630000
印400000份

【情景25】销售商品

理论准备：对于初次合作的客户，企业在销售业务达成之前，应先对该客户的信用、偿债能力等进行调查，对于信用好的、偿债能力强的企业，可以进行赊销；对于那些信用一般、偿债能力弱的企业，应当采用先收款后发货、要求对方开具银行承兑汇票等结算方式，尽可能避免坏账的发生。

案例：2015年12月8日，向无锡远通百货有限公司（一般纳税人）销售商品一批，开具增值税专用发票，注明价款129 960元，税额22 093.20元，价税合计152 053.20元，当日发货，由仓库开具出库单，款项未收到。

教学专用

25-1

无锡弘智商贸有限公司
销 售 单

NO.1123002

客户名称：无锡远通百货有限公司   日期：2015年12月08日

编码	产品名称	规格	单位	单价	数量	金额	备注
A001	男士商务公文包		件		100		
A002	男士真皮商务公文包		件		70		
A003	男士皮带		件		100		
B002	女士斜挎包		件		100		
B001	女士单肩包		件		150		
合计	人民币(大写)：						

销售经理：李民   会计：叶芳   经办人：陈晨   仓管：王晓轩   签收人：王晓轩

业务联

5362123140　　　　江苏增值税专用发票　　№ 74794196

此联不作报销、扣税凭证使用　　　　　　　开票日期：2015年12月08日

购货单位	名　　称：无锡远通百货有限公司 纳税人识别号：320203200003697484 地址、电话：无锡市公园路105号 0510-86678110 开户行及账号：交通银行公园路支行 3500346786946329	密码区	94<>+0>>>>><<731806/4<823292 8/*804195-4+<169*5-0<068*</ -2*86**3>/320/21<06<5</*23* 905666621-+-4+**56164449>5-

货物或应税劳务名称	规格型号	单位	数量	单价	金额	税率	税额
男士商务公文包		件	100	358	35800	17%	6086.00
男士真皮商务公文包		件	70	598	41860	17%	7116.20
男士皮带		件	100	78	7800	17%	1326.00
女士斜挎包		件	100	118	11800	17%	2006.00
女士单肩包		件	150	218	32700	17%	5559.00
合　　　计					￥129960.00		￥22093.20

价税合计（大写）	⊗ 壹拾伍万贰仟零伍拾叁元贰角整	（小写）￥152053.20

销货单位	名　　称：无锡弘智商贸有限公司 纳税人识别号：320200110153789288 地址、电话：江苏省无锡市中山路28号 0510-82737610 开户行及账号：交通银行东门支行 3220006221081 0788	备注	无锡弘智商贸有限公司 320200110153789288 发票专用章

收款人：　　　复核：　　　开票人：冯青青　　　销货单位（章）

第一联：记账联 销货方记账凭证

【情景 26】购进打包带、封箱带等

理论准备：公司为销售商品而购进的打包带、封箱带属于周转材料，周转材料的核算主要包括包装物和低值易耗品的核算。

小企业应当根据具体情况，对低值易耗品采用一次或分次摊销的方法。一次摊销的低值易耗品，在领用时将其全部价值摊入有关的成本费用，借记"管理费用"等科目，贷记本科目。

案例：2015 年 12 月 8 日，采购部许凡购买打包带、封箱带，取得增值税专用发票，发票注明价款 2 100 元，税额 357.00 元，其中打包带 30 卷，每卷 55 元（不含税），封箱胶带 100 卷，每卷 4.5 元（不含税），价税合计 2 457 元，采购部填制费用申请后，经审核，出纳现金付讫。

费用报销单

编号

部门 采购部　　　　申请日期: 2015 年 12 月 8 日

摘　要	金　额							科　目
	十万	千	百	十	元	角	分	
打包带、封箱胶带			2	4	5	7	0	0	
合计人民币(大写) 贰仟肆佰伍拾柒元整		¥	2	4	5	7	0	0	

强林纸品 121-35

现金付讫

财会主管 叶芽　记账　　出纳　　部门主管 陈玉英　复核　　报销人 许凡

3200142140　　　江苏增值税专用发票　　№ 03277375　　5100144140 03277375

国家税务发票监制章　江苏　国家税务总局盖
此联不作报销、扣税凭证使用

开票日期: 2015年12月8日

购货单位	名　称: 无锡弘智商贸有限公司 纳税人识别号: 32020011015789288 地址、电话: 江苏省无锡市中山路28号 0510-82737610 开户行及账号: 交通银行东门支行 32200062210810788	密码区	94<>+0>>>>6<531806/82349292 8/*804195-4+<169*5-0<068*</ -2*86**3<<7)/320/21<0</*23* 905666624<1-+-4+**561644>5-

货物或应税劳务名称	规格型号	单位	数量	单价	金额	税率	税额
打包带	13.5*1600	卷	30	55	1650.00	17%	280.50
封箱胶带	5.5*2.8	卷	100	4.50	450.00	17%	76.50
合　计					¥2100.00		¥357.00
价税合计(大写) ⊗ 贰仟肆佰伍拾柒元整				(小写) ¥2457.00			

销货单位	名　称: 常熟市亚轩包装机械有限公司 纳税人识别号: 32020078862200015 地址、电话: 常熟市辛庄工业园长江路8号 0512-51927883 开户行及账号: 工商银行常数支行 70003462108223	备注	常熟市亚轩包装机械有限公司 32020078862200015 发票专用章　现金付讫

收款人:　　复核:　　开票人: 王小丫　　销货单位(章)

税总函[2014]256号上海东港安全印务有限公司

第三联: 发票联 购货方记账凭证

教学专用　　　　　　26-3

入 库 单

供应商：亚轩包装　　　　2015 年 12 月 05 日　　　　编号：05002

商品编号	商品名称	规格	仓库	单位	数量	单价	金额（不含税）
D001	打包带	13.5*1600		卷	30	55	1650.00
D002	封箱胶带	5.5*2.8		卷	100	4.5	450.00
	合　计	——	——	——	2500		2100.00

会计：叶芳　　　　保管人：王晓轩　　　　经手人：王晓轩

【情景 27】采购包装盒、礼品袋等

理论准备：公司为销售商品而购进的礼品袋、礼品盒（见图 2-12）带属于周转材料，周转材料的核算主要包括包装物和低值易耗品的核算。购入时借记“周转材料——包装物”等科目。

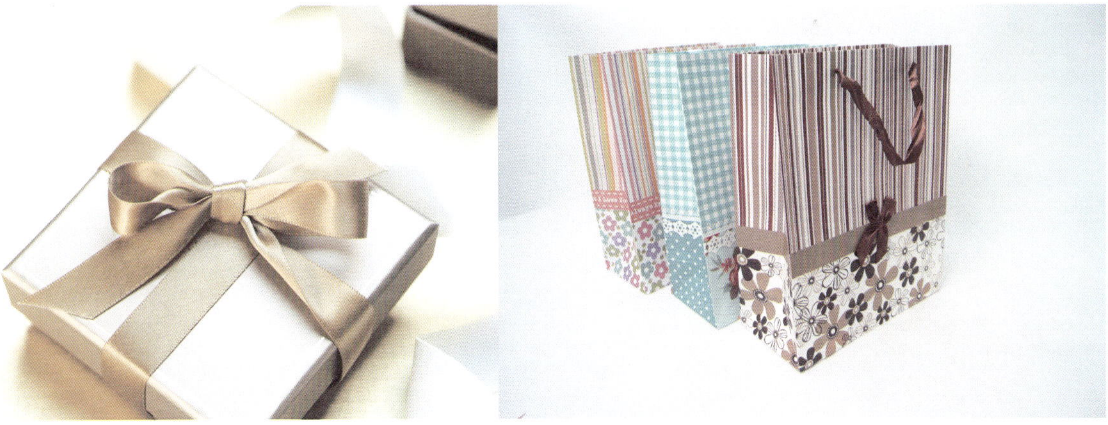

图 2-12　礼品袋、礼品盒

案例：2015 年 12 月 8 日，向无锡环亚包装材料有限公司购入包装材料一批，对方开具增值税专用发票和送货单，发票注明价款 29 300 元，税款 4 981 元，价税合计 34 281 元，仓库验收合格入库，采购部填制用款申请单，审核后，出纳开转账支票支付 5 000 元，支票号为 7220348，余款暂欠。

27-1

教学专用

交通银行
转账支票存根
36631102
7220348

江苏弘智印刷有限公司,2013印制

附加信息

_____

_____

出票日期 2015 年 12 月 08 日

收款人：	
无锡环亚包装	
金　额：	￥5,000.00
用　途：	货款

单位主管 叶芳　　会计 王小丽

27-2

教学专用

用 款 申 请 单

申请日期 2015 年 12 月 8 日

强林纸品 142-48

用 款 用 途	付礼品袋礼品金货款	用款方式	转帐支票	货币币种	
用 款 金 额	(大写) 任仟元整		(小写) ￥5,000.00		
用 款 部 门	采购部	合 同 号			
申 请 人	许凡	约定交货期或报账期	2015 年 12 月 8 日		
部门负责人	谢晓丽	收款单位全称	无锡环亚包装材料有限公司		
财 务 签 批	叶芳	账 号	63007226421002		
主 管 签 批	陈玉英	开 户 银 行	江苏银行旺庄支行		

入 库 单

供应商：环亚包装材料　　　　2015 年 12 月 05 日　　　　编号：05003

商品编号	商品名称	规格	仓库	单位	数量	单价	金额（不含税）
C001	礼品袋	25*31*9		件	5000	2.50	12500
C002	礼品盒	24*31.5*7		件	1500	11.20	16800
合　计		—	—	—	6500		29300

会计：叶芳　　　　保管人：王晓轩　　　　经手人：王晓轩

3200142140　　　　江苏增值税专用发票　　№ 70220032

全国统一发票监制章
江苏
此联不作报销、扣税凭证使用

5100144140
70220032

开票日期：2015年12月8日

税总函[2014]256 号上海东港安全印制有限公司

购货单位	名　称：无锡弘智商贸有限公司 纳税人识别号：320200110153789288 地址、电话：江苏省无锡市中山路28号 0510-82737610 开户行及账号：交通银行东门支行 32200062210810788	密码区	94<>+0>>>>6<531806/82349292 8/*804195-4+<169*5-0<068*</ -2*86**3<<7>/320/21<0</*23* 905666624<1-+-4+**561644>5-

货物或应税劳务名称	规格型号	单位	数量	单价	金额	税率	税额
礼品袋	25*31*9		5000	2.50	12500.00	17%	2125.00
礼品盒	24*31.5*7		1500	11.20	16800.00	17%	2856.00
合　计					￥29300.00		￥4981.00

价税合计（大写）　⊗ 叁万肆仟贰佰捌拾壹元整　　　　（小写）　￥34281.00

销货单位	名　称：无锡环亚包装材料有限公司 纳税人识别号：320200788020345 地址、电话：无锡新区旺庄路316号 0510-82207895 开户行及账号：江苏银行旺庄支行 63007226421002	备注	无锡环亚包装材料有限公司 320200788020345 发票专用章

收款人：　　　　复核：　　　　开票人：王小　　　　销货单位（章）

第三联：发票联 购货方记账凭证

【情景 28】付供应商货款

理论准备：企业发生采购业务后，需要向供应商支付货款。付款时，应由采购部填写付款申请，经审批后由出纳进行付款。付款时发生的银行手续费记入"财务费用"科目。

案例：2015 年 12 月 10 日，支付迪思尼皮具有限公司货款 200 000 元，采购部填写用款申请单，批准后，财务电汇支付，支付电汇手续费 10.5 元。

28-1

用 款 申 请 单

申请日期 2015 年 12 月 10 日

用 款 用 途	付迪思尼货款	用 款 方 式	电汇	货币币种	
用 款 金 额	(大写) 贰拾万元整			(小写) ￥200,000.00	
用 款 部 门	采购部	合 同 号			
申 请 人	许凡	约定交货期或报账期	2015 年 12 月 10 日		
部门负责人	谢晓丽	收款单位全称	迪思尼皮具有限公司		
财 务 签 批	叶芳	账 号	1200648516486		
主 管 签 批	陈玉英	开 户 银 行	建设银行深圳新城支行		

强林纸品 142-48

交通银行
BANK OF COMMUNICATIONS

结算业务申请书
RMB SETTLEMENT APPLICATION FORM

28-2

AB 57743322

申请日期 Date 2015年Y12月M30日D

业务类型 Type of Business： □信汇MT ☑电汇VT □本票PN □全国汇票DN □三省一市汇票DR □市县汇票DC □其他Other

申请人 Applicant	全 称 Full Name	无锡弘智商贸有限公司	收款人 Applicant	全 称 Full Name	迪思尼皮具有限公司
	帐号或地址 A/C No. or Address	32200062210810788		帐号或地址 A/C No. or Address	1200648516486
	开户银行 A/C Bank	交通银行东门支行		开户银行 A/C Bank	建设银行深圳新城支行

金额 Amount	人名币(大写) RMB in Words	贰拾万元整	亿 千 百 十 万 千 百 十 元 角 分 ￥ 2 0 0 0 0 0 0 0

上列相关款项请从我账户内支付：
In Payment Please Debit My Account

无锡弘智商贸有限公司财务专用章

生王印楠

支付密码
Payment Pin No

签发收据时需选择：
Please Tick Where Applicate
□系统外 Cross Bank
□不可转让 Non-transterabe

电汇时需选择：
Please Tick Where Applicable
☑普通 Cross Bank
□加急 Urgent

附加信息及用途：
Message and Purpose

申请人签章
Applicant's Authorized Signature(s) and or Stamp(s)

会计主管：   授权：   复核：   记账：

第一联 此联银行作记账凭证

交通银行（ 无锡东门支行 ）付款通知书

日期 2015-12-10

机构号 322211　　　　交易代码 091089

单位名称	无锡弘智商贸有限公司	
账号	32200062210810788	
摘要	收费种类	金额
	电子划汇费	CNY 00.00
	代收工本费	CNY 00.00
	手续费	CNY 10.50
	金额合计	CNY 10.50
金额合计（大写）	人名币壹拾元伍角整	

交通银行
无锡东门支行
2015-12-10
会计业务章

注：此付款通知书加盖我行业务公章方有效.

流水号：　　　　　　　　经办 3225071

第二联 回单

001-50×2-2005

教学专用

【情景 29】缴纳社保费

理论准备：企业缴纳的社保费包括企业承担部分和个人承担部分。企业为职工承担的社保费计提时，借记"管理费用""销售费用"等科目，贷记"应付职工薪酬——社保费"科目核算，缴纳时，借记"应付职工薪酬——社保费"科目，贷记"银行存款"等科目；个人部分发工资时代扣代缴通过"其他应付款——代扣个人社保费"等科目核算；缴纳时，借记"其他应付款——代扣个人社保费"，贷记"银行存款"等科目核算。

案例：2015 年 12 月 12 日，交 11 月份社保费共计 9 434.35 元，其中：基本养老保险（单位 4 546.67 元，个人 1 818.67 元）、基本医疗保险（单位 1 591.33 元，个人 454.67 元）、补充医疗保险（单位 272.80 元）、失业保险（单位 341 元，个人 113.67 元）、工伤保险（单位 181.87 元）、生育保险（单位 113.67 元），并收到社保缴款书，银行直接划扣。

交通银行（ 东门支行 ）分行电子缴税付款凭证

BANK OF COMMUNICATIONS

转账日期： 2015 年 12 月 12 日　　　　　　凭证字号： 05229085

纳税人全称及纳税人识别号　无锡弘智商贸有限公司　32020011015378288

付款人全称：　无锡弘智商贸有限公司
付款人账号：　32200062210810788　　　　　征收机关名称　江苏省无锡地方税务局第一税务分局
付款人开户银行：交通银行东门支行　　　　　收款国库(银行)名称　国家金库无锡市中心支库
小写(合计)金额：9434.35　　　　　　　　　缴款书交易流水号　483804
大写(合计)金额：玖仟肆佰叁拾肆元叁角伍分　税票号码：

税(费)种名称	所属日期	实缴金额
社会保险费　基本职工养老保险费	20151201-20151231	￥6365.34
社会保险费　基本医疗保险费	20151201-20151231	￥2046.00
社会保险费　补充医疗保险费	20151201-20151231	￥272.80
社会保险费　失业保险费	20151201-20151231	￥454.67
社会保险费　工伤保险费	20151201-20151231	￥181.87
社会保险费　生育保险费	20151201-20151231	￥113.67

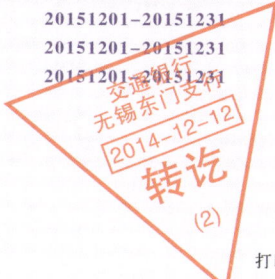

交通银行
无锡东门支行
2014-12-12
转讫
(2)

打印时间：

会计流水号：　　　　　　　　复核：　　　　　记账：

第二联　做付款回单（无银行收讫章无效）

无锡市社会保险费征缴通知单

No 03640092

参保单位编号： 366182　　　缴费年月： 201512　　　单位：元

参保单位名称：	**无锡弘智商贸有限公司**		缴拨方式：		
应申报缴费工资	22733.33	缴费基数	22733.33	缴费人数	**8**
缴费项目	单位缴纳	个人缴纳	缴费项目	单位缴纳	个人缴纳
基本养老保险费	4546.67	1818.67	失业保险费	341	113.67
基本医疗保险费	1591.33	454.67	工伤保险费	181.87	——
补充医疗保险费	272.80	——	生育保险费	113.67	
公务员医疗补助费					

征缴额　⊗ 玖仟肆佰叁拾肆元叁角伍分　　　　　　　　　￥9434.35

经办人(章)： 严平　　　打印时间： **2015-12-12**　　无锡市社会保险基金管理中心

第一联：代缴费用申报单

【情景 30】缴纳住房公积金

理论准备：企业缴纳的住房公积金包括企业承担部分和个人承担部分。企业为职工缴纳的住房公积金通过"应付职工薪酬——住房公积金"科目核算，个人承担缴纳的住房公积金通过"其他应付款——代扣个人住房公积金"科目核算，核算方法类似社保费。

案例：2015 年 12 月 12 日，公司缴纳住房公积金 5 456 元，其中单位部分 2 728 元，个人部分 2 728 元，银行直接划扣。

教学专用											30

住房公积金汇（补）缴书　　　　No 0283161
2015　年 12 月 12 日　　　　　附：缴存变更清册　　　页

缴款单位	单位名称	无锡弘智商贸有限公司	收款单位	单位名称	住房公积金专户	第一联：交款单位开户行给缴款单位的回单
	单位帐号	32200062210810788		公积金帐号		
	开户银行	交通银行东门支行		开户银行	建设银行	

缴款类型	☑ 汇缴　☐ 补缴		补缴原因										
缴款人数	8	缴款时间	2015 年 12 月 01 日 至 2015 年 12 月 31 日		月数			1					
缴款方式	☐ 现金　☑ 转账				百	十	万	千	百	十	元	角	分
金额（大写）	人民币伍仟肆佰伍拾陆元整					¥	5	4	5	6	0	0

上次汇缴		本次增加汇缴		本次减少汇缴		本次汇（补）缴	
人数	金额	人数	金额	人数	金额	人数	金额
						8	¥5456.00

上述款项已划转至市住房公积金管理中心住房公积金存款户内。（银行盖章）

复核：　　　　经办：　　　　　　　　　　　　　　　2015 年 12 月 12 日

（印章：交通银行无锡东门支行 2015-12-12 转讫 (2)）

【情景 31】交上月个人所得税

理论准备：企业进行网上申报个人所得税后，收到银行代扣的电子缴税付款凭证，会计人员应做相关账务处理。

案例：2015 年 12 月 12 日，交上月个人所得税 76.40 元，取得税收缴款书，银行直接划扣。

交通银行（东门支行）分行电子缴税付款凭证
BANK OF COMMUNICATIONS

转账日期：2015 年 12 月 10 日　　　　　　　凭证字号：05229085

纳税人全称及纳税人识别号　无锡弘智商贸有限公司　32020011015378288	
付款人全称：　无锡弘智商贸有限公司	
付款人账号：　32200062210810788	征收机关名称　　江苏省无锡地方税务局第一税务分局
付款人开户银行：交通银行东门支行	收款国库(银行)名称　国家金库无锡市中心支库
小写(合计)金额：　76.40	缴款书交易流水号　483804
大写(合计)金额：　柒拾陆元肆角	税票号码：

税(费)种名称	所属日期		实缴金额
个人所得税	20151101–20151131		￥76.40

交通银行
无锡东门支行
2015-12-10
转讫
(2)

打印时间：

会计流水号：　　　　　　　复核：　　　　　　　记账：

第二联　做付款回单（无银行收讫章无效）

【情景 32】支付办公区电费

理论准备：公司支付水电费进入"管理费用——水电费"等科目核算，取得的增值税专用发票可以进行抵扣。

案例：2015 年 12 月 15 日，公司支付 12 月办公区电费 1 258.97 元，取得增值税专用发票，行政部填申请单，审核后，出纳转账支票支付，支票号 7220368。

32-1

费用报销单

编号

部门　行政部　　　申请日期：2015 年 12 月 15 日

摘　要	金　额							科　目
	十万	千	百	十	元	角	分	
电费			1	2	5	8	9	7	
合计人民币(大写)　壹仟贰佰伍拾捌元玖角柒分	￥	1	2	5	8	9	7	

强林纸品 121-35

财会主管　叶芳　记账　　　出纳　　　部门主管　陈玉英　复核　　　报销人　许凡

交通银行
转账支票存根
36631102
7220368

附加信息 _____

_____

出票日期 2015 年 12 月 15 日

收款人：

无锡供电公司

金　额：￥1,258.97

用　途：货款

单位主管　叶芳　　会计　王小丽

✂

江苏弘智印刷有限公司,2013印制

3200142140　　　**江苏增值税专用发票**　　　№ 70220032

全国统一发票监制章
江　苏
此 票 不 作 报 销、扣 税 凭 证 使 用
国家税务总局监制

5100144140
70220032

开票日期：2015年12月15日

购货单位	名　称：无锡弘智商贸有限公司 纳税人识别号：320200110153789288 地址、电话：江苏省无锡市中山路28号　0510-82737610 开户行及账号：交通银行东门支行　32200062210810788	密码区	94<>+0>>>>6<531806/82349292 8/*804195-4+<169*5-0<068*</ -2*86**3<7>/320/21<0</*23* 905666624<1-+-4+**561644>5-

货物或应税劳务名称	规格型号	单位	数量	单价	金　额	税率	税　额
电力		千瓦时	1220	0.882	1076.04	17%	182.93
合　计					￥1076.04		￥182.93

价税合计（大写）	⊗壹仟贰佰伍拾捌元玖角柒分	（小写）　￥1258.97

销货单位	名　称：无锡市供电公司 纳税人识别号：320200112223345 地址、电话：无锡梁溪路12号　0510-85807678 开户行及账号：建设银行西门支行　300733896208	备注	无锡市供电公司 320200112223345 发票专用章

收款人：　　　　复核：　　　　　　　　　开票人：王小　　　　销货单位（章）

税总函[2014]256号上海东港安全印制有限公司

第三联：发票联　购货方记账凭证

✂

【情景 33】支付办公区水费

理论准备：公司支付的水费记入"管理费用——水电费"等科目核算，取得的增值税专用发票可以进行抵扣。

案例：2015 年 12 月 15 日，支付办公区水费 351.95 元，取得增值税专用发票，企业现金支付。

33-1

教学专用

费用报销单

编号

部门 行政部   申请日期：2015 年 12 月 15 日

摘　　　要	金　额							科　　目
	十万	千	百	十	元	角	分	
水费				3	5	1	9	5	
合计人民币(大写)　叁佰伍拾壹元玖角伍分			￥	3	5	1	9	5	

强林纸品 121-3.5

现金付讫

财会主管 叶芳　　记账　　　出纳　　　部门主管 陈玉英　　复核　　　报销人 方晶晶

33-2

教学专用

3200142140　　**江苏增值税专用发票**　　№ 06411702

3200142140
10304452

发票联

开票日期：2015年12月15日

购货单位	名　　称	无锡弘智商贸有限公司	密码区	94<>+0>>>>6<531806/82349292 8/*804195-4+<169*5-0<068*</ -2*86**3<<7>/320/21<0</*23* 905666624<1-+-4+**561644>5-
	纳税人识别号	320200110153789288		
	地址、电话	江苏省无锡市中山路28号　0510-82737610		
	开户行及账号	交通银行东门支行　32200062210810788		

货物或应税劳务名称	规格型号	单位	数量	单价	金　额	税率	税　额
自来水		吨	67	5.1	341.70	3%	10.25
合　　计					￥341.70		￥10.25
价税合计(大写)	⊗ 叁佰伍拾壹元玖角伍分						￥351.95

税总函[2014]256 号上海东港安全印刷有限公司

销货单位	名　　称	无锡市自来水有限公司	备注	
	纳税人识别号	320200135902167		
	地址、电话	无锡市滨湖区观园路18号　0510-85061547		
	开户行及账号	建设银行滨湖支行　630004780021322		

收款人：　　　复核：　　　开票人：过晴艳　　　销货单位（章）

无锡自来水有限公司
320200135902167
发票专用章

现金付讫

第三联：发票联 购货方记账凭证

【情景 34】向无锡皮宝皮具有限公司采购

理论准备：商业企业的采购成本是指商品从采购到入库前所发生的全部采购支出，由购买价款、运输费、其他费用三部分组成。购买价款是采购商品时的原始买入价，它是采购成本中的主要成本，通常能从供应商开具的发票中直接获取。譬如：企业收到供应商（一般纳税人）开具的增值税专用发票的，以不含税金额为商品买价，借记"库存商品"和"应交税费——应交增值税——进项税额"科目，贷记"银行存款""库存现金""应付账款"等科目。

案例：2015 年 12 月 18 日，向无锡皮宝皮具有限公司采购商品一批，取得增值税专用发票，发票价款 133 000 元，税额 22 610 元，价税合计 155 610 元，货已入库，款项未支付。

34-1

教学专用

入 库 单

供应商：无锡皮宝皮具　　　　2015 年 12 月 18 日　　　　编号：05004

商品编号	商品名称	规格	仓库	单位	数量	单价	金额（不含税）
B004	女士登山双肩包			件	500	128	64000.00
A004	男士登山双肩包			件	500	138	69000.00
合　计		——	——	——	1000		133000.00

会计：叶芳　　　　保管人：王晓轩　　　　经手人：王晓轩

江苏增值税专用发票

3200142140　　　№ 70220452

开票日期：2015年12月18日

购货单位	名　称：无锡弘智商贸有限公司 纳税人识别号：320200110153789288 地址、电话：江苏省无锡市中山路28号　0510-82737610 开户行及账号：交通银行东门支行　32200062210810788	密码区	94<>+0>>>>6<531806/82349292 8/*804195-4+<169*5-0<068*</ -2*86**3<<7>/320/21<0</*23* 905666624<1-+-4*<561644>5-

货物或应税劳务名称	规格型号	单位	数量	单价	金　额	税率	税　额
女士登山双肩包		件	500	128	64000.00	17%	10880.00
男士登山双肩包		件	500	138	69000.00	17%	11730.00
合　计					¥133000.00		¥22610.00

价税合计（大写）　⊗壹拾伍万伍仟陆佰壹拾元整　　　（小写）¥155610.00

销货单位	名　称：无锡皮宝皮具有限公司 纳税人识别号：320200480078900362 地址、电话：无锡新华路A区1栋　0510-83729190 开户行及账号：工商银行梅村支行　35003467264086	备注	无锡皮宝皮具有限公司 320200480078900362 发票专用章

收款人：　　　复核：　　　开票人：张丽　　　销货单位（章）

【情景35】 向一般纳税人企业销售商品

理论准备：商业企业销售其经营范围内的商品时，一般都会给客户开具增值税专用发票或增值税普通发票；借记"银行存款""库存现金""应收账款"等科目，贷记"主营业务收入""应交税费——应交增值税——销项税额"等科目核算。

案例：2015年12月23日，向无锡远通百货有限公司销售商品一批，价款197 180元，税额33 520.60元，价税合计230 700.60元，仓库发货，开出库单，收到远通百货转账支票一张，金额100 000元，余款暂欠。

35-1

交通银行 进账单（收账通知）3

2015年12月23日

出票人	全　称	无锡远通百货有限公司	收款人	全　称	无锡弘智商贸有限公司
	账　号	35003467869329		账　号	32200062210810788
	开户银行	交通银行公园路支行		开户银行	交通银行东门支行

金额	人民币 （大写）	壹拾万元整	亿 千 百 十 万 千 百 十 元 角 分 ¥1 0 0 0 0 0 0 0

票据种类		票据张数	
票据号码			

交通银行 无锡东门支行 2015-12-23 转讫

孙丽

复核　记账　　　收款人开户银行签章

此联是收款人开户银行交给收款人的收账通知

无锡弘智商贸有限公司
销 售 单

NO.1123012

客户名称：无锡远通百货有限公司

日期：2015年12月23日

编码	产品名称	规格	单位	单价	数量	金额	备注
A001	男士商务公文包		件		80		
B001	女士单肩包		件		230		
B003	女士皮带		件		300		
A003	男士皮带		件		300		
B004	女士登山双肩包		件		200		
B002	女士斜挎包		件		260		
合计	人民币(大写)：						

业务联

销售经理：李民　　会计：叶芳　　经办人：陈晨　　仓管：王晓轩　　签收人：王晓轩

5362123140

江苏增值税专用发票

№ 74794216

5362123140
74794216

国国统一发票监制章
江 苏
此联不作报销、扣税凭证使用
税务总局监制

开票日期：2015年12月23日

购货单位	名　　称：无锡远通百货有限公司 纳税人识别号：320200200003697484 地址、电话：无锡市公园路105号 0510-86678110 开户行及账号：交通银行公园路支行 3500346786946329				密码区	94<>+0>>>><<731806/4<823292 8/*804195-4+<169*5-0<068*</ -2*86**3>/320/21<06<5</*23* 905666621-+-4+**56164449>5-

货物或应税劳务名称	规格型号	单位	数量	单价	金　额	税率	税　额
男士商务公文包		件	80	358	28640	17%	4868.80
女士单肩包		件	230	218	50140	17%	8523.80
女士皮带		件	300	58	17400	17%	2958.00
男士皮带		件	300	78	23400	17%	3978.00
女士登山双肩包		件	200	154	30800	17%	5236.00
女士斜挎包		件	260	180	46800	17%	7956.00
合　　计					￥197180.00		￥33520.60

价税合计(大写)　　⊗ 贰拾叁万零柒佰元零陆角整　　　　(小写) ￥230700.60

第一联：记账联　销货方记账凭证

税总函[2014]256 号 上海东港安全印制有限公司

销货单位	名　　称：无锡弘智商贸有限公司 纳税人识别号：320200110153789288 地址、电话：江苏省无锡市中山路28号 0510-82737610 开户行及账号：交通银行东门支行 32200062210810788				备注	无锡弘智商贸有限公司 320200110153789288 发票专用章

收款人：　　　　复核：　　　　开票人：冯青青　　　　销货单位（章）

【情景 36】领用打包带和封箱带

理论准备：商业企业打包带和封箱带属于低值易耗品，在领用时一次性记入"管理费用——包装费"等科目。

案例：2015 年 12 月 23 日，领用打包带和封箱带，仓库开出领用单。

领 用 单

教学专用   36

部门：销售部   日期：2015.12.23   编号：0014826

商品编号	物品名称	单位	单价	数量	金额	备注
D001	打包带	卷	5.5	30	1650.00	
D002	封箱胶带	卷	4.5	100	450.00	

第二联　记账联

备注：

领料人：李民	领料部门负责人：	发料人：王晓轩

【情景 37】向小规模企业销售商品

理论准备：一般纳税人不论是向小规模纳税人还是向其他一般纳税人销售货物时，都应按税法规定的税率计算销项税。

案例：2015 年 12 月 25 日，向苏州金腾运动专卖店（小规模企业）销售商品一批，其中：女士登山双肩包 130 件，单价 205 元，男士登山双肩包 200 件，单价 220.80 元，礼品袋 200 件，单价 5.80 元，礼品盒 200 件，单价 18.80 元，开出增值税普通发票，发票价款 75 730 元，税额 12874.10 元，价税合计 88 604.10 元，仓库已发货，开出销售单，款项已到账。

教学专用

3200144320　江苏增值税普通发票　№ 74794236　　3200144320
74794236

校验码 78821 72468 33046 693233　　　　开票日期：2015年12月25日

购买方	名　称：苏州金腾运动专卖店 纳税人识别号：320200210536222 地址、电话：苏州观前街22号 0512-88660333 开户行及帐号：交通银行苏州余城支行　11000761700877052503		密码区	94<>+0>>>>><<731806/4<823292 8*804195-4+<169*5-0<068*</ -2*86**3>/320/21<06<5</*23* 905666621-+-4+**56164449>5-		
货物或应税劳务、服务名称	规格型号	单位	数量	单价	金　额	税率	税　额

货物或应税劳务、服务名称	规格型号	单位	数量	单价	金　额	税率	税　额
女士登山双肩包		件	130	205.00	26650.00	17%	4530.50
男士登山双肩包		件	200	220.80	44160.00	17%	7507.20
礼品袋		件	200	5.80	1160.00	17%	197.20
礼品盒		件	200	18.80	3760.00	17%	639.20
合　计					￥75730.00		￥12874.10

价税合计(大写)	⊗ 捌万捌仟陆佰零肆元壹角整	(小写)　￥88604.10

销货方	名　称：无锡弘智商贸有限公司 纳税人识别号：320200110153789288 地址、电话：江苏省无锡市中山路28号 0510-82737610 开户行及帐号：交通银行东门支行 32200062210810788	备注	无锡弘智商贸有限公司 320200110153789288 发票专用章

收款人：　　　复核：　　　开票人：王小丽　　　销售方：(章)

第一联：记账联 销售方记账凭证

税总函(2014) 256 号上海东港安全印制有限公司

教学专用

无锡弘智商贸有限公司
销　售　单

NO.1123033

客户名称：苏州金腾运动专卖店　　　　　　日期：2015年12月25日

编码	产品名称	规格	单位	单价	数量	金额	备注
B004	女士登山双肩包		件		130		
A004	男士登山双肩包		件		200		
C001	礼品袋	25*31*9	件		200		
C002	礼品盒	24*31.5*7	件		200		
合计	人民币(大写)：						

业务联

销售经理：李民　　　会计：叶芳　　　经办人：陈晨　　　仓管：王晓轩　　　签收人：王晓轩

交通银行 （ 东门支行 ） 记账回执　NA　50566620

| 接受机构：322211 | 回执编号：15015300 | 回单类型：商户清算 | 状　态：允许打印 |
| 业务机构： | | 业务种类： | 业务编号： |

付款人账号：6220038790348　　　　　　付款人地址：
付款人名称：苏州金腾运动专卖店
编号编号：　　　　　发报行名：　　　　　发报行名：

收款人账号：32200062210810788　　　　收款人地址：
收款人名称：无锡弘智商贸有限公司

货币、金额：CNY88604.10
金额(大写)：捌万捌仟陆佰零肆元壹角整

附　　言：商户30132028241000 日期20151225
摘　　要：金额************手续***************
票据日期：20151225
交易代码：200007　　　　票据号码：
入账日期：20151225　　　借贷标志：贷方　　　复核柜员：
打印日期：20151225　　　会计流水：KWEP000674　记账柜员：
　　　　　　　　　　　　打印机构：322211　　　打印柜员：3225071

记账机构：322800
销账编号：
记账机构：322800
打印次数：1

（银行盖章）

注：此记账回执加盖我行业务公章后方有效

【情景38】提取现金，准备发工资

理论准备：提取现金，要先填现金支票，再去银行提取现金。

案例：2015年12月25日，提取现金40 000元，出纳填现金支票，支票号为06986903。

教学专用　38

交通银行
现金支票存根
30103226
06986903

附加信息 _____
_____
_____

出票期期　2015 年　12 月　25 日

收款人：
无锡弘智商贸公司

金　额：￥40,000.00

用　途：工资

单位主管　叶芳　　会计　王小丽

【情景39】发放本月工资

理论准备：进入经营期后，代扣款项同筹建期所进科目一致。

案例：2015年12月25日，现金支付12月工资48 800元，其中代扣个人养老金3 904元，代扣个人医疗保险976元，代扣个人失业保险244元，代扣个人所得税526.80元，代扣住房公积金5 856元，实发工资37 293.20元。

2015年12月工资表

编制单位：无锡宏智商贸有限公司

部门	姓名	基本工资	考勤天数	考勤工资	奖金	提成	补贴	应发工资	代扣养老	代扣医疗	代扣失业	代扣个税	代扣住房公积金	实发工资	单位养老金	单位医疗金	单位补充医疗金	单位失业金	单位生育金	单位工伤金	单位社保费合计	单位住房公积金	领款人签名
总经办	王楠生	8000	30	8000				8000.00	640.00	160.00	40.00	261.00	960.00	5939.00	1600.00	560.00	96.00	120.00	40.00	64.00	2480.00	960.00	王楠生
总经办	陈玉英	8000	30	8000				8000.00	640.00	160.00	40.00	261.00	960.00	5939.00	1600.00	560.00	96.00	120.00	40.00	64.00	2480.00	960.00	陈玉英
总经办	谢晓丽	3800	30	3800	200			4000.00	320.00	80.00	20.00	2.40	480.00	3097.60	800.00	280.00	48.00	60.00	20.00	32.00	1240.00	480.00	谢晓丽
行政部	方晶晶	3600	30	3600				3600.00	288.00	72.00	18.00	0.00	432.00	2790.00	720.00	252.00	43.20	54.00	18.00	28.80	1116.00	432.00	方晶晶
行政部	谢云	3500	30	3500				3500.00	280.00	70.00	17.50		420.00	2712.50	700.00	245.00	42.00	52.50	17.50	28.80	1085.00	420.00	谢云
销售部	李民	2500	30	2500	200			2700.00	216.00	54.00	13.50	0.00	324.00	2092.50	540.00	189.00	32.40	40.50	13.50	21.60	837.00	324.00	李民
销售部	蔡亮亮	2200	30	2200				2200.00	176.00	44.00	11.00	0.00	264.00	1705.00	440.00	154.00	26.40	33.00	11.00	17.60	682.00	264.00	蔡亮亮
销售部	陈晨	2200	30	2200				2200.00	176.00	44.00	11.00		264.00	1705.00	440.00	154.00	26.40	33.00	11.00	17.60	682.00	264.00	陈晨
财务部	叶芳	4000	30	4000				4000.00	320.00	80.00	20.00	2.40	480.00	3097.60	800.00	280.00	48.00	60.00	20.00	32.00	1240.00	480.00	叶芳
财务部	王小丽	2000	30	2000				2000.00	160.00	40.00	10.00	0.00	240.00	1550.00	400.00	140.00	24.00	30.00	10.00	16.00	620.00	240.00	王小丽
采购部	许凡	2200	30	2200	200			2400.00	192.00	48.00	12.00		288.00	1860.00	480.00	168.00	28.80	36.00	12.00	19.20	744.00	288.00	许凡
采购部	赵小丽	2200	30	2200				2200.00	176.00	44.00	11.00		264.00	1705.00	440.00	154.00	26.40	33.00	11.00	17.60	682.00	264.00	赵小丽
仓库	陈琳	2000	30	2000				2000.00	160.00	40.00	10.00		240.00	1550.00	400.00	140.00	24.00	30.00	10.00	16.00	620.00	240.00	陈琳
仓库	王晓轩	2000	30	2000				2000.00	160.00	40.00	10.00		240.00	1550.00	400.00	140.00	24.00	30.00	10.00	16.00	620.00	240.00	王晓轩
合计		48200		48200	600	0		48800.00	3904.00	976.00	244.00	526.80	5856.00	37293.20	9760.00	3416.00	585.60	732.00	244.00	390.40	15128.00	5856.00	

总经理：王楠生　　　财务审核：叶芳　　　制单：方晶晶

39

【情景40】收到银行承兑汇票

理论准备：企业拿到别的单位背书的银行承兑汇票，首先要开一张收据给对方，然后自己复印银行承兑一份（包含全部内容，正反面），承兑的复印件和收据作为财务记账用。

案例：2015年12月27日，收到无锡远通百货有限公司欠货款200 000元的银行承兑汇票，出票日为2015年11月20日，汇票到期日为2016年5月20日，汇票号码为3020006320265549。

【情景 41】将收到的银行承兑汇票背书转让

理论准备：如果企业要将汇票背书转让给另外的单位（该单位会开来一张收据），那么企业应再次复印一份银行承兑汇票，将复印件和别的单位开来的收据一起作财务记账用凭据。

案例：2015 年 12 月 27 日，将收到的银行承兑汇票当日背书转让给无锡皮宝皮具有限公司。

【情景 42】再次采购商品

理论准备：再次采购商品，财务处理方式与之前相同。

案例：2015 年 12 月 28 日，再次向无锡皮宝皮具有限公司采购商品一批，取得增值税专用发票，发票价款 54 760 元，税额 9 309.20 元，款项未付，货已到，仓库填写入库单。

入 库 单

供应商：无锡皮宝皮具　　　　2015 年 12 月 28 日　　　编号：05005

商品编号	商品名称	规格	仓库	单位	数量	单价	金额（不含税）
A001	男士商务公文包			件	100	278	27800.00
A004	男士登山双肩包			件	70	118	8260.00
B002	女士斜挎包			件	100	75	7500.00
B004	女士登山双肩包			件	100	112	11200.00
	合　计	—	—	—	370		54760.00

会计：叶芳　　　　保管人：王晓轩　　　　经手人：王晓轩

3200142140

江苏增值税专用发票

№ 70226190

5100144140
70226190

此联不作报销、扣税凭证使用

开票日期：2015年12月28日

购货单位	名　称：无锡弘智商贸有限公司 纳税人识别号：320200110153789288 地址、电话：江苏省无锡市中山路28号　0510-82737610 开户行及账号：交通银行东门支行　32200062210810788	密码区	94<>+0>>>>6<531806/82349292 8/*804195-4+<169*5-0<068*</ -2*86**3<<7>/320/21<0</*23* 905666624<1-+-4**561644>5-

货物或应税劳务名称	规格型号	单位	数量	单价	金额	税率	税额
男士商务公文包		件	100	278	27800.00	17%	4726.00
男士登山双肩包		件	70	118	8260.00	17%	1404.20
女士斜挎包		件	100	75	7500.00	17%	1275.00
女士登山双肩包		件	100	112	11200.00	17%	1904.00
合　　计					￥54760.00		￥9309.20

价税合计（大写）　⊗陆万肆仟零陆拾玖元贰角整　　　　（小写）￥64069.20

销货单位	名　称：无锡皮宝皮具有限公司 纳税人识别号：320200480078900362 地址、电话：无锡新华路A区1栋　0510-83729190 开户行及账号：工商银行梅村支行　35003467264086	备注	无锡皮宝皮具有限公司 320200480078900362 发票专用章

收款人：　　　　复核：　　　　开票人：张丽　　　销货单位（章）

税总函〔2014〕256 号上海东港安全印制有限公司

第三联：发票联　购货方记账凭证

【情景 43 】计提本月工资

理论准备: 月末, 会计人员将工资汇总表上企业应负担的部分按照部门进行分配, 根据销售部门的工资、社保费、住房公积金的金额分别借记"销售费用——工资""销售费用——社保费""销售费用——住房公积金"等科目; 根据其他部门的工资、社保费、住房公积金金额分别借记"管理费用——工资""管理费用——社保费""管理费用——住房公积金"等科目; 贷方登记企业应承担的工资、社保费、住房公积金, 记入"应付职工薪酬——工资""应付职工薪酬——社保费""应付职工薪酬——住房公积金"等科目。

案例: 2015 年 12 月 31 日, 计提本月工资 48 800 元, 计提本月单位承担社保费 15 128 元, 计提本月单位承担住房公积金 5 856 元。

2015年12月工资表

编制单位：无锡弘智商贸有限公司

部门	姓名	基本工资	考勤天数	考勤工资	奖金	提成	补贴	应发工资	代扣养老	代扣医疗	代扣失业	代扣个税	代扣住房公积金	实发工资	单位养老金	单位医疗金	单位补充医疗金	单位失业金	单位生育金	单位工伤金	单位社保费合计	单位住房公积金	领款人签名
总经办	王桐生	8000	30	8000				8000.00	640.00	160.00	40.00	261.00	960.00	5939.00	1600.00	560.00	96.00	120.00	40.00	64.00	2480.00	960.00	王桐生
总经办	陈玉英	8000	30	8000				8000.00	640.00	160.00	40.00	261.00	960.00	5939.00	1600.00	560.00	96.00	120.00	40.00	64.00	2480.00	960.00	陈玉英
总经办	顾晓丽	3800	30	3800	200			4000.00	320.00	80.00	20.00	2.40	480.00	3097.60	800.00	280.00	48.00	60.00	20.00	32.00	1240.00	480.00	顾晓丽
行政部	方晶晶	3600	30	3600				3600.00	288.00	72.00	18.00	0.00	432.00	2790.00	720.00	252.00	43.20	54.00	18.00	28.80	1116.00	432.00	方晶晶
行政部	谢云	3500	30	3500				3500.00	280.00	70.00	17.50		420.00	2712.50	700.00	245.00	42.00	52.50	17.50	28.00	1085.00	420.00	谢云
销售部	李民	2500	30	2500	200			2700.00	216.00	54.00	13.50	0.00	324.00	2092.50	540.00	189.00	32.40	40.50	13.50	21.60	837.00	324.00	李民
销售部	蔡亮亮	2200	30	2200				2200.00	176.00	44.00	11.00		264.00	1705.00	440.00	154.00	26.40	33.00	11.00	17.60	682.00	264.00	蔡亮亮
销售部	队辰	2200	30	2200				2200.00	176.00	44.00	11.00		264.00	1705.00	440.00	154.00	26.40	33.00	11.00	17.60	682.00	264.00	队辰
财务部	叶芳	4000	30	4000				4000.00	320.00	80.00	20.00	2.40	480.00	3097.60	800.00	280.00	48.00	60.00	20.00	32.00	1240.00	480.00	叶芳
财务部	王小丽	2000	30	2000				2000.00	160.00	40.00	10.00	0.00	240.00	1550.00	400.00	140.00	24.00	30.00	10.00	16.00	620.00	240.00	王小丽
采购部	许凡	2200	30	2200	200			2400.00	192.00	48.00	12.00		288.00	1860.00	480.00	168.00	28.80	36.00	12.00	19.20	744.00	288.00	许凡
采购部	赵小丽	2200	30	2200				2200.00	176.00	44.00	11.00		264.00	1705.00	440.00	154.00	26.40	33.00	11.00	17.60	682.00	264.00	赵小丽
仓库	陈琳	2000	30	2000				2000.00	160.00	40.00	10.00		240.00	1550.00	400.00	140.00	24.00	30.00	10.00	16.00	620.00	240.00	陈琳
仓库	王晓针	2000	30	2000				2000.00	160.00	40.00	10.00		240.00	1550.00	400.00	140.00	24.00	30.00	10.00	16.00	620.00	240.00	王晓针
合计		48200			600	0	0	48800.00	3904.00	976.00	244.00	526.80	5856.00	37293.20	9760.00	3416.00	585.60	732.00	244.00	390.40	15128.00	5856.00	

总经理：王桐生　　财务审核：叶芳　　制单：顾晓丽

2015年12月份工资汇总表

编制单位：无锡弘智商贸有限公司

部门	应发工资	个人社保	个人公积金	个人所得税	实发工资	单位缴纳社保	单位缴纳公积金	单位总支出
总经办	20000.00	2100.00	2400.00	524.40	14975.60	6200.00	2400.00	28600.00
行政部	7100.00	745.50	852.00		5502.50	2201.00	852.00	10153.00
销售部	7100.00	745.50	852.00		5502.50	2201.00	852.00	10153.00
财务部	6000.00	630.00	720.00	2.40	4647.60	1860.00	720.00	8580.00
采购部	4600.00	483.00	552.00		3565.00	1426.00	552.00	6578.00
仓库	4000.00	420.00	480.00		3100.00	1240.00	480.00	5720.00
合计	48800.00	5124.00	5856.00	526.80	37293.20	15128.00	5856.00	69784.00

【情景 44】销售商品

案例：2015 年 12 月 31 日，向无锡远通百货有限公司销售商品一批，开具增值税专用发票，发票价款 243 440 元，税额 41 384.80 元，仓库已发货，开出销售单，款项未收。

教学专用   44-1

无锡弘智商贸有限公司
销 售 单

NO.1123060

客户名称：无锡远通百货有限公司   日期：2015年12月31日

编码	产品名称	规格	单位	单价	数量	金额	备注
A001	男士商务公文包		件		60		
A002	男士真皮商务公文包		件		120		
A004	男士登山双肩包		件		250		
合计	人民币(大写)：						

销售经理：李民   会计：叶芳   经办人：陈晨   仓管：王晓轩   签收人：王晓轩

业务联

教学专用   44-2

江苏增值税专用发票   № 74794277   3200144320
                                           74794277
此联不作报销、扣税凭证使用   开票日期：2015年12月31日

税总函[2014]256 号 上海东港安全印刷有限公司

购货单位	名　称：无锡远通百货有限公司 纳税人识别号：32020320000369784 地址、电话：无锡市公园路105号 0510-86678110 开户行及账号：交通银行公园路支行 3500346786946329		密码区	94<>+0>>>><<731806/4<823292 8/*804195-4+<169*5-0<068*</ -2*86**3>/320/21<06<5</*23* 905666621-+-4+**56164449>5-

货物或应税劳务名称	规格型号	单位	数量	单价	金额	税率	税额
男士商务公文包		件	60	458	27480.00	17%	4671.60
男士真皮商务公文包		件	120	1008	120960.00	17%	20563.20
男士登山双肩包		件	250	380	95000.00	17%	16150.00
合　计					￥243440.00		￥41384.80
价税合计(大写)	⊗ 贰拾捌万肆仟捌佰贰拾肆元捌角整				(小写)￥284824.80		

销货单位	名　称：无锡弘智商贸有限公司 纳税人识别号：32020011015 3789288 地址、电话：江苏省无锡市中山路28号 0510-82737610 开户行及账号：交通银行东门支行 32200062210810788		备注	

收款人：   复核：   开票人：张丽   销货单位(章)

第一联：记账联 销货方记账凭证

【情景45】摊销公司开业的开办费和装修费

理论准备：会计处理：根据新企业会计制度，开办费记入"长期待摊费用——开办费"科目，在企业开始经营后一次性摊销记入当期的管理费用。装修费在租赁期5年内摊销。

案例：2015年12月31日，摊销本月的开办费和装修费。

教学专用

45

长期待摊费用摊销明细表

名称	原价	摊销期限（月）	月摊销额	累计摊销额	净值
开办费	36787.64	1	36787.64	36787.64	0
装修费	1200000.00	60	20000.00	20000.00	1180000.00
合计	1236787.64		56787.64	56787.64	1180000.00

【情景46】结转已销售商品成本

理论准备：库存商品科目的借方是本月入库数，价格为本月实际采购成本，贷方为本月出库数，价格为加权平均数。

加权平均单价 =（月初结存金额 + 本月入库实际成本）÷（月初实际数量 + 本月入库数量）

本月出库金额 = 加权平均单价 × 本月出库数量

案例：2015年12月31日，结转已销售商品成本。根据销售单由学生填制下表。

教学专用

46-1

2015年12月库存商品明细表

商品名称	规格型号	期初商品			本期购入			本期发出			期末结存		
		数量	单价	金额	数量	单价	金额	数量	单价	金额	数量	单价	金额
男士商务公文包													
男士真皮商务公文包													
男士登山双肩包													
女士单肩包													
女士斜挎包													
女士登山双肩包													
男士皮带													
女士皮带													
合计		0		0	0	0	0.00	0	0.00	0.00	0	0.00	0.00

无锡弘智商贸有限公司
销　售　单

NO.1123012

客户名称：无锡远通百货有限公司　　　　　　　　　　　　　　　日期：2015年12月23日

编码	产品名称	规格	单位	单价	数量	金额	备注
A001	男士商务公文包		件		80		
B001	女士单肩包		件		230		
B003	女士皮带		件		300		
A003	男士皮带		件		300		
B004	女士登山双肩包		件		200		
B002	女士斜挎包		件		260		
合计	人民币(大写)：						

业务联

销售经理：李民　　　会计：叶芳　　　经办人：陈晨　　　仓管：王晓轩　　　签收人：王晓轩

无锡弘智商贸有限公司
销　售　单

NO.1123002

客户名称：无锡远通百货有限公司　　　　　　　　　　　　　　　日期：2015年12月08日

编码	产品名称	规格	单位	单价	数量	金额	备注
A001	男士商务公文包		件		100		
A002	男士真皮商务公文包		件		70		
A003	男士皮带		件		100		
B002	女士斜挎包		件		100		
B001	女士单肩包		件		150		
合计	人民币(大写)：						

业务联

销售经理：李民　　　会计：叶芳　　　经办人：陈晨　　　仓管：王晓轩　　　签收人：王晓轩

无锡弘智商贸有限公司
销　售　单

NO.1123060

客户名称：无锡远通百货有限公司　　　　　　　　　　　　　　　日期：2015年12月31日

编码	产品名称	规格	单位	单价	数量	金额	备注
A001	男士商务公文包		件		60		
A002	男士真皮商务公文包		件		120		
A004	男士登山双肩包		件		250		
合计	人民币(大写)：						

业务联

销售经理：李民　　　会计：叶芳　　　经办人：陈晨　　　仓管：王晓轩　　　签收人：王晓轩

无锡弘智商贸有限公司
销 售 单

NO.1123033

客户名称：苏州金腾运动专卖店　　　　　　　　　　　　　日期：2015年12月25日

编码	产品名称	规格	单位	单价	数量	金额	备注
B004	女士登山双肩包		件		130		
A004	男士登山双肩包		件		200		
C001	礼品袋	25*31*9	件		200		
C002	礼品盒	24*31.5*7	件		200		
合计	人民币(大写)：						

业务联

销售经理：李民　　　会计：叶芳　　　经办人：陈晨　　　仓管：王晓轩　　　签收人：王晓轩

【情景47】结转周转材料成本

理论准备：礼品袋和礼品盒属于包装物，对外销售时，参照商品成本结算成本，记入"其他业务成本"科目。

案例：2015年12月31日，结转周转材料成本。根据销售单由学生填制下表。

2015年12月周转材料明细表

商品名称	规格型号	期初商品			本期购入			本期发出			期末结存		
		数量	单价	金额	数量	单价	金额	数量	单价	金额	数量	单价	金额
打包带	13.5*600												
封箱胶带	5.5*2.8												
礼品袋	25*31*9												
礼品盒	24*31.5*7												
合计		0		0	0	0.00	0.00	0	0.00	0.00	0	0.00	0.00

无锡弘智商贸有限公司
销 售 单

NO.1123033

客户名称：苏州金腾运动专卖店　　　　　　　　　　　　　日期：2015年12月25日

编码	产品名称	规格	单位	单价	数量	金额	备注
B004	女士登山双肩包		件		130		
A004	男士登山双肩包		件		200		
C001	礼品袋	25*31*9	件		200		
C002	礼品盒	24*31.5*7	件		200		
合计	人民币(大写)：						

业务联

销售经理：李民　　　会计：叶芳　　　经办人：陈晨　　　仓管：王晓轩　　　签收人：王晓轩

【情景 48】转出未交增值税

理论准备：一般纳税人"应交税费——应交增值税"明细科目借方反映的三级科目有"进项税额""已交税金""减免税额""转出未交增值税"等科目；贷方反映的三级科目有"销项税额""出口退税""进项税额转出""转出多交增值税"等科目。

月末，当月销项税额大于进项税额时，应借记"应交税费——应交增值税（转出未交增值税）"科目，贷记"应交税费——未交增值税"科目；下月交税时，借记"应交税费——未交增值税"科目，贷记"银行存款"等科目。

当月进项税额大于销项税额时，应借记"应交税费——未交增值税"科目，贷记"应交税费——应交增值税（转出多交增值税）"科目，"转出多交增值税"科目月末转出数为当期期末留底税额。

案例：2015 年 12 月 31 日，转出未交增值税。根据账簿记录由学生填制下表。

未交增值税计提表

2015-12-31　　　　　　　　　　　　单位：元

项目	金额
1. 应交增值税明细账期初余额	
2. 应交增值税明细账进项税额本期发生额	
3. 应交增值税明细账进项税额转出本期发生额	
4. 应交增值税明细账销项税额本期发生额	
5. 本月应交增值税额	0.00

【情景 49】计提税金及附加

理论准备：营业税金及附加反映企业经营的主要业务应负担的营业税、消费税、资源税、教育费附加、城市维护建设税、土地增值税等。

首先计算当月应交增值税额，营业税金及附加根据三税合计（应交增值税、营业税、消费税）来计算，无锡弘智商贸有限公司是交增值税的，所以主营业务税金及附加的计税依据是增值税，计提时借记"主营业务税金及附加"科目，贷记"应交税费——应交城市建设维护费""应交税费——应交教育费附加""应交税费——应交地方教育费附加"等科目。

案例：2015 年 12 月 31 日，计提本月税金及附加。由学生填制下表。

营业税金及附加计算表

2015-12-31　　　　　　　　　　　　单位：元

项目	计算依据	金额	税率	应纳税额
城市维护建设税	增值税		0.07	
教育费附加	增值税		0.03	
地方教育费附加	增值税		0.02	
合计				

【情景 50】计提企业所得税

理论准备：一般企业所得税的税率为 25%，符合条件的小型微利企业，减按 20% 的税率征收企业所得税。国家需要重点扶持的高新技术企业，减按 15% 的税率征收企业所得税。计提时借记"所得税费用"科目，贷记"应交税费——应交所得税"科目；结转时借记"本年利润"科目，贷记"所得税费用"科目；上交税金时借记"应交税费——应交所得税"科目，贷记"银行存款"等科目。

案例：2015 年 12 月 31 日，计提企业所得税。根据账簿记录由学生填制下表。

企业所得税计提表 **50**

所属日期：2015年12月1日至2015年12月31日　　　　单位：元

项　　　目	金　　额
收入总额	
成本费用总额	
利润总额	
适用税率	
应纳税额	

【情景 51】结转本月损益

理论准备：期末，损益类科目的余额将全部结转到"本年利润"中，结转后，损益科目余额为 0。

案例：2015 年 12 月 31 日，将本月损益类科目结转到本年利润账户。

【情景 52】结转本年利润

理论准备：年末，将"本年利润"科目余额要结转到"利润分配"。结转后，该科目无余额。

案例：2015 年 12 月 31 日，将"本年利润"科目的余额结转到"利润分配"科目。

第三章　商业企业会计分录

第一节　筹建期会计分录

【情景 1】

借：银行存款——临时户　　　　2 500 000

　　贷：实收资本——王楠生　　　　1 500 000

　　　　实收资本——陈玉英　　　　1 000 000

【情景 2】

借：银行存款——临时户　　　　121.53

　　贷：长期待摊费用——开办费　　　　121.53

【情景 3】

借：库存现金　　　　10 000

　　贷：其他应付款——王楠生　　　　10 000

【情景 4】

借：银行存款——交通银行东门支行　　　　500

　　贷：库存现金　　　　500

【情景 5】

借：银行存款——交通银行东门支行　　　　2 500 121.53

　　贷：银行存款——临时户　　　　2 500 121.53

【情景 6】

借：长期待摊费用——装修费　　　　1 200 000

　　贷：银行存款——交通银行东门支行　　　　1 200 000

【情景 7】

借：长期待摊费用——开办费　　　　60

　　贷：银行存款——交通银行东门支行　　60

【情景 8】

借：库存现金　　　10 000

　　贷：银行存款——交通银行东门支行　　10 000

【情景 9】

借：长期待摊费用——开办费　　　1 250

　　贷：库存现金　　　1 250

【情景 10】

借：长期待摊费用——开办费　　　3 080

　　贷：银行存款——交通银行东门支行　　3 080

【情景 11】

借：其他应收款——李民　　　3 000

　　贷：库存现金　　　3 000

【情景 12】

借：库存现金　　　22 700

　　贷：银行存款——交通银行东门支行　　22 700

【情景 13】

借：应付职工薪酬——工资　　　22 733.33

　　贷：其他应付款——代扣社保　　　2 387.01

　　　　其他应付款——代扣住房公积金　　　2 728.00

　　　　应交税费——应交个人所得税　　　76.40

　　　　库存现金　　　17 541.92

【情景 14】

借：长期待摊费用——开办费　　　32 508.67

　　贷：应付职工薪酬——工资　　　22 733.33

　　　　应付职工薪酬——社保　　　7 047.34

　　　　应付职工薪酬——住房公积金　　　2 728.00

【情景 15】

借：其他应收款——办公房押金　　　50 000

　　贷：银行存款——交通银行东门支行　　　50 000

【情景 16】

借：其他应收款——迪思尼皮具　　　50 000

　　贷：银行存款——交通银行东门支行　　　50 000

【情景 17】

借：长期待摊费用——开办费　　　10.50

　　贷：银行存款——交通银行东门支行　　　10.50

第二节 经营期会计分录

【情景 18】

借：管理费用——租金   25 000

       销售费用——租金   3 000

         贷：银行存款——交通银行东门支行   28 000

【情景 19】

借：固定资产   31 620

       应交税费——应交增值税——进项税额   5 375.40

         贷：银行存款——交通银行东门支行   36 995.40

【情景 20】

借：销售费用——差旅费   1 339

       库存现金   1 661

         贷：其他应收款——李民   3 000

【情景 21】

借：管理费用——业务招待费   800

         贷：库存现金   800

【情景 22】

借：库存商品   332 200

       应交税费——应交增值税——进项税额   56 474

         贷：应付账款——迪思尼   388 674

【情景 23】

借：固定资产   17 700

       应交税费——应交增值税——进项税额   3 009

         贷：银行存款——交通银行东门支行   20 709

【情景 24】

借：销售费用——广告费   30 000

         贷：银行存款——交通银行东门支行   30 000

【情景 25】

借：应收账款——无锡远通百货　　　　152 053.20
　　贷：主营业务收入　　129 960.00
　　　　应交税费——应交增值税——销项税额　　22 093.20

【情景 26】

借：周转材料——打包带　　　　1 650
　　周转材料——封箱带　　　　450
　　应交税费——应交增值税——进项税额　　　　357
　　贷：库存现金　　2 457

【情景 27】

借：周转材料——礼品袋　　　　12 500
　　周转材料——礼品盒　　　　16 800
　　应交税费——应交增值税——进项税额　　　　4 981
　　贷：应付账款——无锡环亚包装　　29 281
　　　　银行存款——交通银行东门支行　　　　5 000

【情景 28】

借：应付账款——迪思尼　　　　200 000
　　财务费用　　10.50
　　贷：银行存款——交通银行东门支行　　200 010.50

【情景 29】

借：其他应付款——代扣社保　　　　2 387.01
　　应付职工薪酬——社保　　　　7 047.34
　　贷：银行存款——交通银行东门支行　　9 434.35

【情景 30】

借：应付职工薪酬——住房公积金　　　　2 728
　　其他应付款——代扣个人住房公积金　　　　2 728
　　贷：银行存款——交通银行东门支行　　5 456

【情景 31 】

借：应交税费——应交个人所得税　　　76.40
　　贷：银行存款——交通银行东门支行　　76.40

【情景 32 】

借：管理费用——水电费　　　1 076.04
　　应交税费——应交增值税——进项税额　　182.93
　　贷：银行存款——交通银行东门支行　　1 258.97

【情景 33 】

借：管理费用——水电费　　　341.70
　　应交税费——应交增值税——进项税额　　10.25
　　贷：库存现金　　　351.95

【情景 34 】

借：库存商品　　　133 000
　　应交税费——应交增值税——进项税额　　22 610
　　贷：应付账款——无锡皮宝皮具　　　155 610

【情景 35 】

借：银行存款——交通银行东门支行　　　100 000
　　应收账款——无锡远通百货　　　130 700.60
　　贷：主营业务收入　　197 180
　　　应交税费——应交增值税——销项税额　　33 520.60

【情景 36 】

借：管理费用——包装费　　　2 100
　　贷：周转材料——打包带　　1 650
　　　周转材料——封箱带　　450

【情景 37 】

借：银行存款——交通银行东门支行　　　88 604.10
　　贷：主营业务收入　　70 810
　　　其他业务收入　　4 920

应交税费——应交增值税——销项税额　　　　12 874.10

【情景 38 】

借：库存现金　　　40 000

　　贷：银行存款——交通银行东门支行　　　40 000

【情景 39 】

借：应付职工薪酬——工资　　　48 800

　　贷：其他应付款——代扣个人社保　　　5 124

　　　　其他应付款——代扣个人住房公积金　　　5 856

　　　　应交税费——应交个人所得税　　　526.80

　　　　库存现金　　　37 293.20

【情景 40 】

借：应收票据——无锡远通百货　　　200 000

　　贷：应收账款——无锡远通百货　　　200 000

【情景 41 】

借：应付账款——无锡皮宝皮具　　　200 000

　　贷：应收票据——无锡远通百货　　　200 000

【情景 42 】

借：库存商品　　　54 760

　　应交税费——应交增值税——进项税额　　　9 309.20

　　贷：应付账款——无锡皮宝皮具　　　64 069.20

【情景 43 】

借：管理费用——工资　　　41 700

　　销售费用——工资　　　7 100

　　管理费用——社保费　　　12 927

　　销售费用——社保费　　　2 201

　　管理费用——住房公积金　　　5 004

　　销售费用——住房公积金　　　852

　　贷：应付职工薪酬——工资　　　48 800

　　　　应付职工薪酬——社保费　　　　　15 128

　　　　应付职工薪酬——住房公积金　　　5 856

【情景 44】

借：应收账款——无锡远通百货　　　284 824.80

　　　贷：主营业务收入　　243 440

　　　　应交税费——应交增值税——销项税额　　41 384.80

【情景 45】

借：管理费用——开办费　　　36 787.64

　　管理费用——装修费　　　20 000

　　　贷：长期待摊费用——开办费　　36 787.64

　　　　长期待摊费用——装修费　　20 000

【情景 46】

借：主营业务成本　　392 331.10

　　　贷：库存商品　　392 331.10

【情景 47】

借：其他业务成本　　2 740

　　　贷：周转材料——礼品袋　　　500

　　　　周转材料——礼品盒　　　2 240

【情景 48】

借：应交税费——应交增值税——转出未交增值税　　　7 563.92

　　　贷：应交税费——未交增值税　　　7 563.92

【情景 49】

借：营业税金及附加　　907.67

　　　贷：应交税费——应交城市维护建设税　　529.47

　　　　应交税费——应交教育费附加　　226.92

　　　　应交税费——应交地方教育费附加　　151.28

【情景 50】

借：所得税费用　　　　　15 023.09

　　贷：应交税费——应交所得税　　　　15 023.09

【情景 51】

借：主营业务收入　　　641 390

　　其他业务收入　　　4 920

　　贷：本年利润　　　646 310

借：本年利润　　　601 240.74

　　贷：主营业务成本　　　392 331.10

　　　　其他业务成本　　　2 740

　　　　营业税金及附加　　　907.67

　　　　销售费用　　　44 492

　　　　管理费用　　　145 736.38

　　　　财务费用　　　10.50

　　　　所得税费用　　　15 023.09

【情景 52】

借：本年利润　　　45 069.26

　　贷：利润分配　　　45 069.26

第四章　商业企业报表

第一节　筹建期财务报表

资产负债表

编制单位：无锡弘智商贸有限公司　　　　2015年11月31日　　　　　　　　单位：元

资　产	期末余额	年初余额	负债和所有者权益	期末余额	年初余额
流动资产：		略	流动负债：		略
货币资金	1 185 179.11		短期借款		
交易性金融资产			交易性金融负债		
应收票据			应付票据		
应收账款			应付账款		
预付账款			预收款项		
应收利息			应付职工薪酬	9 775.34	
应收股利			应交税费	76.40	
其他应收款	103 000.00		应付利息		
存货			应付股利		
一年内到期的非流动资产			其他应付款	15 115.01	
其他流动资产			一年内到期的非流动负债		
流动资产合计	1 288 179.11		其他流动负债		
非流动资产：			流动负债合计	24 966.75	
可供出售金融资产			非流动负债：		
持有至到期投资			长期借款		
长期应收款			应付债券		
长期股权投资			长期应付款		
投资性房地产			专项应付款		
固定资产			预计负债		
在建工程			递延所得税负债		
固定资产清理			其他非流动负债		
生产性生物资产			非流动负债合计	0.00	
油气资产			负债合计	24 966.75	
无形资产			所有者权益：		
开发支出			实收资本（或股本）	2 500 000.00	
商誉			资本公积		
长期待摊费用	1 236 787.64		减：库存股		
递延所得税资产			盈余公积		
其他非流动资产			未分配利润		
非流动资产合计	1 236 787.64		所有者权益合计	2 500 000.00	
资产总计	2 524 966.75		负债和所有者权益合计	2 524 966.75	

利润表

编制单位：无锡弘智商贸有限公司　　　　　2015年11月　　　　　单位：元

项目	本期金额	上期金额
一、营业收入	0	略
减：营业成本	0	
营业税金及附加	0	
销售费用	0	
管理费用	0	
财务费用	0	
资产减值损失		
加：公允价值变动损益（损失以"－"号填列）		
投资收益（损失以"－"号填列）		
其中：对联营企业和合营企业的投资收益		
二、营业利润（损失以"－"号填列）	0	
加：营业外收入		
减：营业外支出		
其中：非流动资产处置损失		
三、利润总额（损失以"－"号填列）	0	
减：所得税费用		
四、净利润（损失以"－"号填列）	0	
五、每股收益：		
（一）基本每股收益		
（二）稀释每股收益		

第二节 经营期财务报表

资产负债表

编制单位：无锡弘智商贸有限公司　　　　2015年12月31日　　　　　　　　单位：元

资　产	期末余额	年初余额	负债和所有者权益	期末余额	年初余额
流动资产：		略	流动负债：		略
货币资金	997 601.44		短期借款		
交易性金融资产			交易性金融负债		
应收票据			应付票据		
应收账款	367 578.60		应付账款	237 634.20	
预付账款			预收款项		
应收利息			应付职工薪酬	20 984.00	
应收股利			应交税费	24 021.48	
其他应收款	100 000.00		应付利息		
存货	154 188.90		应付股利		
一年内到期的非流动资产			其他应付款	20 980.00	
其他流动资产			一年内到期的非流动负债		
流动资产合计	1 619 368.94		其他流动负债		
非流动资产：			流动负债合计	303 619.68	
可供出售金融资产			非流动负债：		
持有至到期投资			长期借款		
长期应收款			应付债券		
长期股权投资			长期应付款		
投资性房地产			专项应付款		
固定资产	49 320.00		预计负债		
在建工程			递延所得税负债		
固定资产清理			其他非流动负债		
生产性生物资产			非流动负债合计	0.00	
油气资产			负债合计	303 619.68	
无形资产			所有者权益：		
开发支出			实收资本（或股本）	2 500 000.00	
商誉			资本公积		
长期待摊费用	1 180 000.00		减：库存股		
递延所得税资产			盈余公积		
其他非流动资产			未分配利润	45 069.26	
非流动资产合计	1 229 320.00		所有者权益合计	2 545 069.26	
资产总计	2 848 688.94		负债和所有者权益合计	2 848 688.94	

利润表

编制单位：无锡弘智商贸有限公司　　　　　　2015年12月　　　　　　单位：元

项目	本期金额	上期金额
一、营业收入	646 310.00	略
减：营业成本	395 071.10	
营业税金及附加	907.67	
销售费用	44 492.00	
管理费用	145 736.38	
财务费用	10.50	
资产减值损失		
加：公允价值变动损益（损失以"－"号填列）		
投资收益（损失以"－"号填列）		
其中：对联营企业和合营企业的投资收益		
二、营业利润（损失以"－"号填列）	60 092.35	
加：营业外收入		
减：营业外支出		
其中：非流动资产处置损失		
三、利润总额（损失以"－"号填列）	60 092.35	
减：所得税费用	15 023.09	
四、净利润（损失以"－"号填列）	45 069.26	
五、每股收益：		
（一）基本每股收益		
（二）稀释每股收益		